LES FAUSSAIRES CONTRE LES SOVIETS

LIBRAIRIE DU TRAVAIL
96, QUAI DE JEMMAPES
PARIS
1926

LES FAUSSAIRES
contre
LES SOVIETS

Matériaux pour servir à l'histoire de la lutte contre la Révolution russe

PARIS
LIBRAIRIE DU TRAVAIL

AVERTISSEMENT DE L'ÉDITEUR

La brochure dont nous donnons ici une édition française a été publiée dernièrement en U.R.S.S., où elle a produit naturellement une vive impression. Elle n'en produira pas ici une moins vive. Elle arrive comme à point nommé, au moment où l'arrestation inopinée d'une bande de fascistes hongrois qui cherchaient, par la fabrication de faux billets de banque, à renouveler contre le crédit de la France les exploits de Pitt et de Cobourg, scandalise l'opinion publique. En bonne logique, les faits que dénonce cette brochure ne devraient pas causer un scandale beaucoup moindre. Ce qui s'y trouve démontré, à l'aide d'une documentation irréfragable, c'est que le faux et l'usage de faux constituent l'arme familière des contre-révolutionnaires réduits par la défaite à l'impuissance politique.

Dès le début de la révolution d'octobre, les faussaires, un peu partout, se mirent à l'œuvre. Dans le nombre, il en est qui peuvent se targuer d'avoir obtenu des succès momentanés auprès des Gouvernements de l'Entente. Qu'on se souvienne, par exemple, de l'énorme liasse de « documents » publiés en septembre 1918 par les grands journaux capitalistes des États-Unis sous des manchettes sensationnelles : « Lénine et Trotsky à la solde des Huns », « la Révolution bolchévique préparée à Berlin », « la Trahison russe achetée 25 millions de livres sterling par le Kaiser », etc., etc... *Les « documents américains » furent reproduits par la presse du monde entier. Il en fut fait partout contre la Révolution d'octobre une exploitation éhontée; ils ne contribuèrent pas peu à justifier la politique du* cordon sanitaire *et du* fil de fer barbelé *imaginée par le sinistre Clémenceau. Pourtant les « documents américains » sentaient le faux à plein nez. Dès l'abord, ils avaient paru « suspects » à des organes aussi sérieux, aussi soucieux de vérité que la* Nation *et la* New-Republic. *Bientôt, l'odieuse machination se fit jour, l'évidence éclata. La grande presse américaine, dans sa haine de la Révolution, avait servi de dupe à une bande d'aigrefins et d'intrigants. On apprit, en effet, que les documents en question avaient été fabriqués de toutes pièces par des contre-révolutionnaires russes, et proposés par eux au colonel Robins, chef de la Croix-Rouge américaine en Russie, qui en avait reconnu aussitôt la fausseté manifeste. Des mains de Robins, les documents étaient tombés dans celles d'un journaliste à tout faire de la presse Hearst, Edgard Sisson, qui s'était hâté, lui, de les câbler à Washington. Il n'est plus une personne aujourd'hui, fût-elle aussi malintentionnée que possible envers les bolchéviks, pour oser prétendre, sur la foi des « documents américains », que Lénine et Trotsky aient été à aucun moment les agents stipendiés de l'Allemagne.*

Les faux dont il sera question dans cette brochure et dont un assez grand nombre ont été, pour plus d'évidence, reproduits en fac-similé, montrent que la reconnaissance de l'U.R.S.S. par la majorité des États capitalistes n'a nullement réduit au chômage l'industrie du faux document. Les faussaires se sont seulement efforcés d'adapter leur « production » aux circonstances nouvelles. Ils s'assignent désormais pour tâche d'établir que le Gouvernement soviétique et l'Exécutif de l'Internationale Communiste ne font qu'un et que, par l'inter-

médiaire de l'Exécutif, le Gouvernement ne cesse de s'immiscer dans les affaires intérieures des pays assez imprudents pour lui avoir fait confiance et lui avoir tendu la main.

On n'oubliera pas de sitôt la fameuse lettre de Zinoviev qui, fin octobre 1924, en pleine campagne électorale, produisit en Angleterre un esclandre sans précédent. Elle eut, au point de vue de la politique extérieure du Royaume-Uni, les conséquences les plus graves, puisque, après avoir causé la défaite du Labour Party et la chute du cabinet Mac Donald, elle servit de prétexte au nouveau cabinet conservateur pour annuler le traité anglo-soviétique, élaboré par le gouvernement précédent. La « lettre de Zinoviev » n'était pourtant qu'un faux, et elle restera le type accompli de cette série extraordinairement touffue de documents anti-soviétiques apocryphes dont on trouvera plus loin un copieux échantillonnage.

Parmi les faussaires, un certain nombre ont été démasqués. La découverte de leurs officines les a mis, pour un temps, dans l'impossibilité de nuire. Mais le danger n'est pas définitivement écarté. L'industrie du faux anti-soviétique, encouragée souvent, il faut le dire, par trop de complaisances et de complicités dans les pays où elle opère, ne saurait renoncer d'elle-même à ses fabrications provocatrices. Elle n'y mettra fin que lorsque l'opinion publique avertie, éveillée, cessera d'y ajouter foi et que les roueries des faussaires n'inspireront plus que du dégoût. Hâter cette heure est le seul but de cette brochure. Elle ne veut que mettre en garde contre les entreprises de maîtaiteurs impudents, la grande masse des honnêtes gens toujours facile à abuser.

ERRATUM

Pages 56 et suivantes. Au lieu de Dausser, il faut lire Dosser.

Les Faussaires contre les Soviets

Les gouvernements hostiles à la nouvelle Russie ne s'en sont pas tenus dans leur action, à l'intervention armée et au blocus affameur.

Pour préparer l'opinion de leur pays respectif à une politique d'agression et justifier en même temps les mesures déjà prises, ils ne laissèrent passer aucune occasion de calomnier le pays des soviets, le parti dirigeant de ce pays et les personnes les plus en vue de ce parti.

Au printemps 1917, dès la rentrée en Russie des militants les plus notoires du bolchevisme, le Gouvernement provisoire et, avec lui, l'état-major de l'armée tsariste tentèrent une basse manœuvre contre le camarade Lénine qu'avaient accueilli les manifestations enthousiastes des masses populaires. Des bruits mensongers se répandirent au sujet du voyage de Lénine et de ses camarades bolchevistes traversant l'Allemagne en wagon plombé; on les accusa d'espionnage et les bruits les plus stupides furent semés à ce sujet par le Gouvernement provisoire.

La presse bolcheviste se trouva en butte à mille représailles et l'arrestation de Lénine, de Zinoviev et d'autres fut ordonnée en juillet 1917, des preuves « indiscutables » ayant établi qu'ils étaient au service de l'état-major allemand.

Il s'agissait d'empêcher les éléments les plus avancés de la classe ouvrière et paysanne d'organiser les masses en vue de terminer la guerre et d'affranchir les travailleurs de la domination bourgeoise.

La révolution d'octobre éclata. Le grand bouleversement qui se produisit dans toutes les classes de la Russie tsariste, la haine féroce dont étaient animées les classes vaincues envers le régime révolutionnaire, l'indignation des Alliés devant la paix séparée avec l'Allemagne, tout cela provoqua une avalanche journalière de mensonges et de calomnies dans les milieux politiques d'Europe et d'Amérique et dans la grande presse.

Les blancs ayant perdu tous leurs privilèges économiques et politiques, abandonnèrent la République Soviétique et se dispersèrent dans toutes les contrées du monde, colportant partout les bruits les plus invraisemblables contre la Révolution.

Les crimes les plus atroces furent attribués aux chefs de la révolution d'octobre, les actes les plus ignobles imputés aux masses ouvrières et paysannes. De paisibles citoyens furent représentés sous l'apparence, devenue classique, de l' « Homme au couteau entre les dents ».

La guerre civile, les mesures de légitime défense que dut prendre la jeune République soviétique, furent portées au compte du banditisme homicide des bolcheviks. De l'armée rouge, armée régulière, composée d'éléments ouvriers et paysans, on fit une bande de mercenaires chinois et lettons. Quant aux chefs de cette armée, — ouvriers et paysans qui avaient abandonné leur travail quotidien pour diriger la lutte héroïque de l'armée révolutionnaire contre les forces armées de la contre-révolution monarchique, — on fit d'eux, devant l'opinion européenne, des instructeurs allemands envoyés par l'état-major de Berlin.

Les réformes de la plus grande importance réalisées dans l'intérêt des travailleurs, appelés eux-mêmes à la réorganisation sociale, furent qualifiées : rapines, vols, assassinats, destruction de la civilisation, pillage des musées et des trésors, socialisation des femmes, etc, etc.

On n'en finirait pas, s'il fallait inventorier toutes les calomnies inventées par la bourgeoisie au sujet du nouveau régime russe.

Peu à peu cependant, la vérité commença à se faire jour.

Des étrangers pénétrèrent en Russie soviétique; des citoyens soviétiques firent leur apparition à l'étranger, et il devint de plus en plus difficile de mettre de grossiers mensonges au service de la politique d'hostilité poursuivie par les gouvernements étrangers et leurs états-majors. Les esprits crédules, susceptibles d'ajouter foi aux vieux contes inventés sur le pays barbare et sur les hommes au couteau entre les dents, devinrent de plus en plus rares.

Les gouvernements européens, surtout celui de la Grande-Bretagne, durent donc mettre à l'essai de nouvelles méthodes, plus en rapport avec les temps nouveaux. Ils invoquèrent désormais des documents apocryphes et de prétendus discours des dirigeants de l'Union Soviétique, pour lancer de graves accusations contre son gouvernement et préparer l'opinion à une nouvelle agression contre la Russie des Soviets.

La note de lord Curzon.

La note adressée par lord Curzon au gouvernement soviétique, le 7 septembre 1921, marqua le début de cette nouvelle période.

Les griefs formulés par Curzon étaient en général soit dénués de tout fondement, soit fondés sur de faux documents et sur une information mensongère. Une place d'honneur était réservée à la *Troisième Internationale Communiste* (nous maintenons la terminologie de Curzon); la note citait plusieurs des soi-disant rapports faits au Comité Central de cette organisation par divers membres du gouvernement et des fonctionnaires soviétiques, tels que les camarades Staline, Eliava, Karakhan et plus particulièrement Nuorteva. De même elle donnait quelques extraits du prétendu discours prononcé le 8 juin 1921 par le camarade Lénine au IIIe Congrès de l'Internationale.

La politique russe était représentée comme tendant à diminuer le prestige anglais en Orient et à provoquer un mouvement révolutionnaire dans les colonies et dépendances britanniques; les représentants du pouvoir soviétique étaient censés poursuivre la réalisation du programme de la IIIe Internationale sciemment confondue avec le gouvernement des Soviets.

Le gouvernement soviétique, dans la réponse qu'il fit à la note Curzon, en souligna les nombreuses inexactitudes. Par exemple, Staline, signalé comme l'auteur de rapports présentés en juin 1921, au nom de la section orientale de la IIIe Internationale, au Comité exécutif de cette dernière, n'avait jamais eu aucun rapport ni avec la IIIe Internationale, ni avec une quelconque de ses sections et n'avait pu, par conséquent, présenter les rapports incriminés. Quant à la section orientale elle-même, elle avait été dissoute en automne 1920. Le camarade Eliava, à qui la note attribuait des paroles absolument apocryphes, n'avait jamais participé aux travaux de l'Internationale, ni présenté de rapports au « Comité Central » de cette dernière.

Le camarade Karakhan non plus n'avait jamais présenté de rapport à la IIIe Internationale, ni sur « la situation générale dans le Proche-Orient » ni sur autre chose.

L'accusation la plus stupide fut, sans doute, celle portée contre le camarade Nuorteva, indiqué comme étant « chef du Service de Propagande de la IIIe Internationale ». Il est aisé de comprendre qu'il ne put faire un rapport le 20 juin 1921, comme le précisait la note, pour la bonne raison qu'il se trouvait alors emprisonné et inculpé de haute trahison.

Quant au discours attribué au camarade Lénine et prononcé, comme le prétendait la note, le 8 juin au Congrès de la IIIe Internationale, il n'a jamais été prononcé. En effet, il suffit de consulter les sténogrammes des discours de Lénine au Congrès, pour voir qu'il n'a prononcé aucun discours le 8 juin et que même dans des discours qu'il prononça réellement, les phrases incriminées ne figurent pas.

Or, malgré l'extrême difficulté de nos relations avec l'Europe à cette époque et toutes les complications auxquelles donna lieu la note Curzon, le Gouvernement soviétique réussit à établir l'origine louche de l'information du Foreign Office.

On peut constater que tous les renseignements utilisés par lord Curzon provenaient d'un journal clandestin, *Ost-Information*, publié par des espions allemands.

En comparant les articles de cette feuille infâme avec les passages respectifs de la note, on en acquiert la certitude absolue. On apprit par la suite l'adresse de ce journal (A. Vinser, Wilhelmstrasse, 11, Berlin, S. W. 48), ainsi que celle de son banquier, indiquée dans un des numéros du journal (Westerhagen & Cie, Potsdamstrasse, 127, Berlin). Plus tard, quand la vérité se fit jour, le chef du *Scotland Yard* à Londres, Basil Thomson et son collègue Stieglitz, espion allemand à la solde des polices allemande et anglaise, furent révoqués tous les deux, payant ainsi la maladresse dont ils avaient fait preuve.

Les faussaires font leur apparition en Europe.

Or, plus l'Union Soviétique se consolidait, plus les liens l'unissant à l'Europe occidentale se raffermissaient, plus il devenait difficile de se servir de faux pour justifier une politique d'agression à son égard.

Les espions seuls ne suffisaient plus. D'autre part, il fallait, coûte que coûte, compromettre devant les peuples d'Europe le prestige du pays des Soviets et empêcher celui-ci de développer sa puissance économique et politique.

Alors les faux documents firent leur apparition dans l'arsenal des ennemis des Soviets.

Une étude minutieuse des faux documents circulant à travers le monde confirme que l'équipe des faussaires fut fournie principalement par l'émigration blanche.

Il serait difficile de dire si les trafiquants de fausses pièces travaillaient sur commande au compte de leurs clients, ou si cette honorable industrie s'est créée d'elle-même, grâce à l'initiative de personnes entreprenantes qui firent ensuite des offres tentantes aux Ministères des Affaires étrangères intéressés. Au demeurant, peu importe.

L'essentiel est que l'Union des Soviets peut établir les deux faits suivants : 1° l'apparition, durant les deux ou trois dernières années, d'un nombre incalculable de faux documents publiés un peu partout pour tenter de la compromettre; 2° la découverte de nombreuses fabriques de fausses pièces faite dernièrement et permettant de démasquer plusieurs représentants de l'émigration contre-révolutionnaire occupés dans cette intéressante industrie.

Les débuts de celle-ci datent de la fameuse « lettre de Zinoviev ». Cette lettre apocryphe fut suivie d'une série d'autres « documents » également faux. Un traité soi-disant conclu entre le Komintern et le parti républicain paysan croate; une lettre du camarade Zinoviev au camarade Cachin parue dans la *Liberté* sur la situation en Afrique du Nord; des lettres adressées par l'Internationale paysanne au parti paysan de Roumanie; plusieurs documents ayant trait aux événements de Bulgarie et enfin toute une série de fausses pièces d'un contenu très varié et sans lien avec une entreprise politique quelconque dirigée contre l'Union soviétique.

Voici d'ailleurs les pièces les plus remarquables de cette dernière série :

1. Un schéma de la structure du Komintern;
2. Un schéma des organes centraux du Comité exécutif du Komintern, avec un texte explicatif;
3. Une instruction du Komintern concernant l'activité du Parti sur place;
4. Une lettre de la section secrète de la Représentation plénipotentiaire adressée à Stetzenko au sujet de sa rentrée en U. R. S. S.;
5. Une lettre de la Délégation du Comité exécutif du Komintern au délégué de l'Administration politique (G. P. U.), à Berlin;
6. Une lettre du I. N. O. G. P. U. adressée au camarade Blumenfeld et une autre adressée au camarade Marchine;
7. Une lettre de l'Exécutif du Komintern adressée au président de la délégation en Allemagne;
8. Une lettre de l'organisation des Jeunesses Communistes adressée au président de la délégation en Allemagne;
9. Un rapport d'un membre du Comité Exécutif du Komintern adressé au président de celui-ci;
10. Une lettre de Bondarevsky adressée de Rome à la Représentation [illegible] Allemagne;
11. Une lettre du Narkomnatz (Commissariat du peuple aux minorités nationales) en Allemagne;
12. Une lettre de la Représentation plénipotentiaire en Autriche, adressée à la Représentation plénipotentiaire en Allemagne;
13. Une lettre de Krakovetzky au sujet des rapports entre les Soviets et le Japon;
14. Une lettre de la camarade Balabanova adressée au président de la délégation du Parti communiste en Allemagne.
15. Une lettre du Comité exécutif central adressée à la Représentation plénipotentiaire en Allemagne;
16. Une lettre de la Représentation commerciale en Allemagne adressée à la section financière du Comité exécutif du Komintern;
17. Une lettre du Conseil supérieur de l'Économie nationale adressée au camarade Alexandrovitch, du service consulaire de la Représentation plénipotentiaire à Berlin;
18. Une feuille à en-tête falsifié du Comité exécutif du Komintern;
19. Une feuille portant comme en-tête l'emblème des Soviets;
20. Une lettre du Comité exécutif du Komintern, publiée dans les journaux de Bulgarie.

Il existe, en outre, toute une série de faux documents rédigés en anglais et se rapportant à la prétendue activité d'une organisation apocryphe nommée « Comité Révolutionnaire de Grande-Bretagne »; ces documents furent fabriqués à seule fin de compromettre la Représentation plénipotentiaire soviétique en Angleterre et de démontrer l'existence de liens entre le mouvement ouvrier révolutionnaire anglais, le Komintern et l'Union soviétique.

Droujelovsky et Cie à Berlin.

L'année 1925 fut marquée par la découverte d'un nombre particulièrement impressionnant de fabriques de faux documents et de leurs organisateurs. L'étude des informations données à ce sujet par la presse européenne permet de constater l'existence, dans les grandes capitales d'Occident, de nombreuses fabriques de ce genre. Citons, à Berlin, la fabrique de Droujelovsky; à Vienne, celle de Jakoubovitch; à Londres, celle de Singleton; à Paris, une simple tentative fut faite pour installer une entreprise semblable : elle ne réussit pas; en Chine, ce fut la fabrique de Kedroïvansky; etc...

Toutes ces entreprises, ainsi que les entrepreneurs, étaient parfaitement connues de la police.

Les faussaires les plus remarquables étaient même à la solde de la police et servirent souvent plusieurs pays à la fois. Tous étaient en rapport avec des hommes politiques des pays intéressés, en recevaient des commandes et leur fournissaient les pièces nécessaires.

On trouve dans notre presse aussi bien que dans la presse étrangère, une information assez abondante sur la fabrique de faux installée à Berlin par Droujelovsky.

Quel est ce personnage? C'est le fils d'un policier tsariste. Originaire de Mohilev, il a servi dans l'aviation russe, puis est entré dans l'armée polonaise. Il était à Riga, avec le capitaine Bratkovsky, lors de la conclusion du traité russo-polonais (1920). De retour à Varsovie, où il a rendu d'importants services au gouvernement réactionnaire, il fut, en 1922-1923, inculpé de trahison et expédié à Riga, d'où, à la fin de 1923, il se rendit à Berlin. On va voir la suite.

Aussitôt après la première arrestation de cet individu, on put établir qu'il n'était pas seul. En effet, l'organisation centrale des faussaires de Berlin avait à sa tête, outre Droujelovsky, un autre contre-révolutionnaire russe, un certain Alexandre Fedorovitch Goumansky.

Ce Goumansky représente la fine fleur de l'émigration blanche. Lieutenant-colonel à la fin de la guerre impérialiste, espion par vocation, cet individu n'est pas fier et ne refuse aucune affaire, pourvu qu'elle lui rapporte.

Par Droujelovsky, il vend les documents fabriqués, tantôt au gouvernement polonais, tantôt au gouvernement bulgare, tout en s'occupant d'espionnage au profit de l'Allemagne. Il vend au ministre de l'Intérieur du Reich, par l'intermédiaire d'un autre ancien sous-lieutenant russe, Zivert, un schéma du Comité exécutif du Komintern, ainsi que des fiches se rapportant à divers Etats. C'était, bien entendu, Goumansky lui-même qui avait composé le schéma et dressé les fiches.

Il ne s'en tenait pas à la confection de fausses pièces, de faux sceaux, non plus qu'à l'espionnage au profit de la France : il était l'un des membres les plus actifs de diverses organisations contre-révolutionnaires. Il dirigeait le service technique du bureau central de contre-espionnage organisé l'année dernière par le général Sakharov, pour le compte de l'ex-grand-duc Cyrille.

Ce bureau recueillait par l'intermédiaire d'organisations analogues existant dans les Pays baltes et en Finlande, des informations sur l'U. R. S. S.

Goumansky est, en outre, le correspondant très actif et le collaborateur précieux d'une autre organisation contre-révolutionnaire créée en 1923 à Munich, sur l'initiative du général Sakharov et dénommée « Union Fraternelle de Saint-Georges ». Goumansky était en rapport avec un américain, M. Fergusson, appartenant à l'entourage de Ford et habitant Genève, et il informait continuellement (on devine dans quel sens!) la presse américaine par l'entremise de ce personnage. Comme membre de la filiale berlinoise de l' « Union Fraternelle de Saint-Georges », Goumansky était en contact étroit avec la Ligue anti-bolcheviste d'Ober, en Suisse.

Au bout de quelque temps, l' « Union Fraternelle de Saint-Georges », comme beaucoup d'autres organisations blanches, se trouva gravement compromise et ses dirigeants ayant dû la dissoudre, lui en substituèrent une autre de même caractère, dénommée *Sviatogor*. Ici encore Goumansky se trouvait parmi les membres les plus actifs : il fut élu au Comité exécutif et devint chef de la section d'informations.

Or, l'activité débordante de Goumansky finit par attirer l'attention des autorités allemandes; ces dernières réussirent, paraît-il, à établir que Goumansky s'occupait non seulement du trafic des faux documents fabriqués pour les besoins de sa clientèle polonaise et bulgare, mais qu'il fabriquait aussi de fausses pièces en vue de désorienter les autorités allemandes et qu'il rendait enfin certains services à la France au détriment de l'Allemagne. En automne 1924, il fut arrêté. On saisit à son domicile trois pièces falsifiées : des instructions du Komintern avec signatures et cachets.

Peu après, Goumansky fut l'objet d'un arrêté d'expulsion, mais ayant probablement des accointances à la préfecture de police à Berlin, il ne fut pas mis en demeure de quitter l'Allemagne.

N'empêche qu'au printemps de 1925, on découvrit chez lui de nouveaux documents compromettants et qu'il fut encore arrêté.

La presse allemande fit preuve d'une extrême réserve sur l'aventure de Goumansky. C'est que des agents et des fonctionnaires du ministère des Affaires étrangères y étaient mêlés.

Tel est l'homme dont se servirent les agents de la bourgeoisie internationale contre l'Union soviétique.

Ancien officier de l'armée tsariste, spécialiste de l'espionnage, travaillant pour le gouvernement allemand qu'il vend en même temps aux Français; faussaire falsifiant les documents et les sceaux soviétiques; militant des plus actifs de diverses organisations contre-révolutionnaires d'émigrés russes, agent de la ligue fasciste d'Ober et informateur de la presse capitaliste américaine, — tel est le héros.

Outre Goumansky, Droujelovsky fut secondé dans son œuvre par un autre personnage de marque, Gérard Ivanovitch Zivert. Celui-ci est aussi un ancien officier, sous-lieutenant de l'armée tsariste. Pendant la guerre, il exerçait ses talents dans les services de contre-espionnage de la 12e armée, et après l'occupation de Riga par les Allemands, il s'empressa d'entrer au service de ces derniers.

Depuis, il travailla tantôt pour les Allemands, tantôt dans les services de contre-espionnage de l'armée Bermont, mais il fut surtout attaché au service allemand de contre-espionnage des Pays baltiques.

Plus tard, Zivert s'étant établi définitivement à Berlin, y installa un bureau privé d'espionnage en vue de lutter contre l'Internationale communiste. En fait, il fournissait à certains personnages et à certaines organisations étrangères, toute sorte d'informations et de documents se rapportant à l'Union soviétique.

La variété des rapports entretenus par ce sous-lieutenant est vraiment fantastique.

Pendant les événements de la Ruhr, il est en relations avec la Commission alliée, par l'intermédiaire d'un sien ami, le capitaine français Meunier. Il entretient, en outre, des relations étroites avec la Représentation de Pologne à Berlin. Il peut d'autant mieux exercer sa profession que depuis le printemps de 1925, il est naturalisé allemand.

Parmi les héros de l'espionnage et du faux, une place très en vue est occupée par un autre ancien officier de l'armée tsariste, V.-J. Orlov, qui dirigea le service de contre-espionnage chez Wrangel. Ami du préfet de police de Berlin, Heller, et de Weiss, qui organisa la fameuse incursion dans les locaux de la Représentation commerciale soviétique à Berlin, Orlov est l'habitué de la préfecture de police berlinoise.

Cependant, à l'instar de tous ses congénères, il ne s'en tient pas seulement à fournir d'informations la préfecture de police. Il s'occupe lui-même d'espionnage et travaille pour le service de contre-espionnage letton, entretenant à cet effet des relations suivies avec un certain Pokrovsky, espion du groupe de Cyrille à Riga.

La fleur de l'ancienne aristocratie russe ne fait pas fi, elle non plus, de l'état de faussaire. C'est ainsi que nous voyons l'ancien sénateur Belgardt, et son fils, tous deux partisans actifs de Cyrille, entretenir des rapports suivis avec Goumansky, Orlov et Zivert. Au cours de conciliabules au domicile de Belgardt, Goumansky faisait des communications sur la situation en Union soviétique et les nominations dans l'armée rouge. Belgardt père assuma lui-même le rôle de président de l'organisation *Sviatogor* et son fils fut chargé du service de propagande du Comité de cette organisation. Par l'intermédiaire du sénateur Belgardt l'organisation *Sviatogor* entretenait des rapports avec les partis réactionnaires de l'Allemagne.

A Vienne : Jakoubovich et Cie.

Le 28 mai, un certain Heinrich Hort, apprenti graveur chez M. Hammer (34, Favoritenstrasse, Vienne, IV), se présentait à la Représentation plénipotentiaire de l'U. R. S. S. à Vienne, porteur de quatre factures et demandait le paiement du montant des commandes que sa maison prétendait avoir reçues de la Représentation. Il s'agissait de plusieurs commandes de cachets différents, à savoir : « Strictement confidentiel », « Prolétaires de tous les pays, unissez-vous », « Délégation du Comité Exécutif du Komintern », « Section étrangère du service secret de O. G. P. U. », etc. etc.

On procéda à l'interrogatoire de l'apprenti et on apprit que les 17 et 21 mars un Russe s'était présenté à la maison Hammer pour commander les cachets en question et avait laissé des arrhes. Quelque temps après, il revint, prit les cachets et pria la maison d'envoyer sa facture à la Représentation plénipotentiaire.

On apprit ensuite qu'un graveur s'était adressé quelques mois auparavant à ce même atelier pour demander les clichés des cachets de la Représentation. L'enquête établit que ce mystérieux client était Alexandre Jakoubovitch. Voici les renseignements communiqués par la police viennoise sur cet individu : « Alexandre Jakoubovitch, né à Poltava (Russie) le 18 mai 1896, de confession orthodoxe, marié, domicilié 111, Hisgasse, 14, a été convoqué le 25 juin à la préfecture de police où il fut reconnu par M. Théodore Bilek, secrétaire de la Maison Hammer, comme étant le client qui avait commandé le 25 mars quelques cachets russes soi-disant destinés à la mission soviétique. »

Au cours de l'interrogatoire, Jakoubovitch expliqua qu'un Ukranien, Alexandre Gavrilov, qu'il connaissait depuis 1921, était arrivé de Berlin en mars 1925 et lui avait fait commander les cachets en question. Quant à lui, Jakoubovitch, il n'avait tenu dans l'affaire que le rôle de traducteur et de garçon de courses. Il savait que Gavrilov avait l'intention de se servir des cachets pour faire de la propagande contre les Soviets; par contre, il ignorait que les cachets dussent servir à la fabrication de fausses pièces.

L'enquête révéla ensuite que le nommé Gavrilov (Alexandre), ingénieur, né à Kiev, le 7 août 1892, catholique, célibataire, connu de longue date par la police comme trafiquant de faux documents et expulsé de Vienne le 27 décembre 1922, avait résidé du 5 au 12 mars 1925 à Vienne, à l'hôtel Tetethoff (Johannestrasse, 22) et était reparti ensuite pour Berlin.

Il faut noter que des lettres de Gavrilov, écrites en russe, furent saisies au cours d'une perquisition chez Jakoubovitch. Ces lettres prouvèrent d'une manière incontestable que Gavrilov était depuis longtemps en rapport d'affaires avec Jakoubovitch et qu'il continuait à commander de Berlin, à son collègue, des cachets de toutes sortes, et plus particulièrement ceux qui avaient pour texte : « Délégation du Comité Exécutif du Komintern » (D. I. K. I.).

Voici ce que nous trouvons dans un autre document officiel, émanant de la haute administration autrichiene, au sujet de la découverte de l'entreprise de Jakoubovitch : « Il faut souligner que tous les cachets commandés comportaient un texte russe et étaient probablement destinés à la fabrication de faux documents. Parmi ces cachets figurent les suivants : « Absolument confidentiel », « Strictement confidentiel », « Section étrangère », « Département secret », « Chef du G. P. U. » (Tchéka). Le cachet suivant, dont le texte est en langue russe, mais en caractères allemands, mérite une attention toute particulière : « Bureau de la Délégation du Comité Exécutif du Komintern », « Bureau Exécutif de l'Internationale Syndicale du Komintern de la Jeunesse ». Ce cachet devait, sans doute, appartenir à l'institution appelée D. I. K. I. (Délégation du Comité Exécutif du Komintern) qui, d'après les informations secrètes, réside à Vienne et dirige au nom du Komintern toute la propagande bolcheviste aux Balkans. »

Peu importe cette dernière supposition, il n'en est pas moins vrai que, d'après les termes mêmes d'un document officiel, les cachets commandés par Jakoubovitch étaient bien destinés exclusivement à la fabrication de documents secrets.

L'opinion de la presse viennoise.

Quelques extraits des journaux (non communistes) de Vienne, méritent une attention toute particulière. D'après eux, certains gouvernements étrangers auraient eu recours aux bons offices des faussaires viennois et se seraient servis ensuite des documents fabriqués par ceux-ci pour ameuter l'opinion contre l'Union Soviétique et le Komintern.

Et au moment même où le ministre des Affaires étrangères d'Autriche, Mataja, démasquait, dans un discours pathétique, l'existence à Vienne d'un centre de propagande bolcheviste, il s'y créait d'autres centres qui continuent de travailler pour le compte de ces mêmes gouvernements, à la police desquels Mataja a adressé son chaleureux appel.

Ainsi le journal *Abend* du 10 juillet s'exprimait ainsi :

« L'industrie de faux documents » de Jakoubovitch occupe fortement à l'heure actuelle le monde de la haute politique européenne. Après la fausse lettre de Zinoviev tombée entre les mains du ministre des Affaires étrangères d'Angleterre, le gouvernement allemand a eu sa série de « documents russes » et voici que le gouvernement de Horthy prétend avoir à sa disposition des documents établissant d'une manière infaillible les liens existant entre le parti de Vaghy et Moscou.

Maintenant, nous connaissons la source de cette documentation. Tous ces faussaires se trouvent en rapport avec les agents secrets, les experts et les espions travaillant à Vienne pour le compte de diverses ambassades. Ces agents, tels que Radoy qui travaille pour la Roumanie, et Bankovitch qui travaille pour la Bulgarie, seront à présent dénoncés à leurs gouvernements.

Le *Tag* du 10 juillet 1925 écrit :

La police de Vienne est toute, ces dernières semaines, à une affaire de faux cachets, qui peut prendre une importance toute particulière au point de vue de la politique internationale.

Durant ces derniers mois, plusieurs documents soi-disant émanés de diverses administrations russes dont les cachets avaient été falsifiés dans notre ville, ont été publiés dans tous les pays du monde.

Rappelons les documents russes publiés au printemps à Berlin et la fameuse « lettre de Zinoviev » dont l'authenticité est, jusqu'à présent, énergiquement niée par les Russes.

La note remise récemment au gouvernement autrichien par le gouvernement yougo-slave est, paraît-il, basée, elle aussi, sur de faux documents soviétiques de même nature.

Voici ce que dit un autre journal, l'*Arbeiter Zeitung* :

Le hasard a permis de découvrir que deux aventuriers ont fait fabriquer des cachets destinés sans nul doute à la fabrication de faux documents pour les besoins de la propagande antisoviétique.

Encore un document se rapportant à l'entreprise Jakoubovitch. Cette pièce émane de Jakoubovitch lui-même et est adressée à ce Gavrilov que nous avons présenté plus haut. Cette lettre est d'un tel cynisme que si nous n'en avions pas entre les mains l'original et ne connaissions pas l'immoralité foncière du monde de l'espionnage, nous aurions peine à la croire vraie.

Nous regrettons de devoir omettre un grand nombre d'expressions trop... caractéristiques pour qu'on puisse les citer.

Il s'agit un peu de tout dans ce curieux échantillon de littérature contre-révolutionnaire : organisation de bandes blanches, lutte contre le bolchevisme, demande de fonds (« passe-moi d'urgence la galette »), recrutement d'Allemands spécialistes en matière de gaz axphyxiants et en aviation, etc... Tout ce gâchis est assaisonné d'obscénités que nous croyons devoir remplacer par des points.

Voilà que de nouveau... ta mère... Tu n'écris pas... ta...

Ecoute-moi, voilà de quoi il s'agit : aujourd'hui on est venu me voir de la part de l'ataman Sagaïdatchny. On m'a demandé si on pouvait entrer en rapport avec le centre national allemand pour obtenir que les agents de Sagaïdatchny enrôlent dans l'armée paysanne ukrainienne des officiers et sous-officiers allemands, spécialistes en matière d'aviation et de gaz asphyxiants. Bien entendu, les salaires, et... etc.

Si la réponse est affirmative, on me présentera les pouvoirs et on m'expliquera le but de cet enrôlement; bien entendu, il s'agit de la lutte contre le bolchevisme, mais pas d'une intervention directe. Je devrai alors exposer cette affaire au centre national allemand et on attendra ensuite que ce dernier fasse des propositions réelles, c'est-à-dire qu'il indique comment et par l'intermédiaire de qui on pourrait établir le contact.

J'ai répondu que je ne m'occupais pas de politique, que je n'en... comprends... absolument...; que je ne suis en rapport avec aucun parti politique allemand, mais que je puis, le cas échéant, écrire à mes amis à Berlin qui sont peut-être mieux renseignés que moi.

A propos, l'*Ukraine paysanne* ne paraît plus. Les numéros 1, 2 et 3 ont paru en Russie, le numéro 4 à Vienne; quant au numéro 5, on ignore quand et où il paraîtra. Les numéros 1, 2, 3, n'ont pas été mis en vente. Ils ne se trouvent pas en dépôt et il est difficile de se les procurer. Cependant, aujourd'hui on m'avait promis de me les faire parvenir. Je tiens ces renseignements de Moukhine.

Toutes les propositions dont il est question plus haut m'ont été faites par Yvan Constantinovitch Timoféev, ancien officier de marine. J'ai fait sa connaissance à Sébastopol, où il était au service du contre-espionnage de la marine.

Ecris-moi que faire et quoi répondre.

Je ne puis t'envoyer le matériel nécessaire, car je n'ai pas d'argent.

En général... ta mère, prends l'habitude de répondre immédiatement aux lettres. Et puis, sans tergiverser passe-moi la galette.

Je t'embrasse bien fort.

Ton Sania.

1)........... 2)........... 3) passe vite la galette.... 4)...... ta.... mère...... 5) passe vite la galette.... 6) écris plus souvent.. 7) passe vite la galette.

A Londres. L'affaire Singleton.

C'était le 28 octobre 1924, peu après la publication de la lettre de Zinoviev. A Londres, on ne parlait que de cette aventure. Quelque chose de mystérieux se passait au Foreign Office, à la tête duquel se trouvait encore Mac Donald; les fonctionnaires, prévoyant que le résultat des élections leur donnerait un nouveau maître, gardaient le silence le plus énigmatique, et l'attitude équivoque du chef du Foreign Office aggravait encore le mystère.

Dans le petit monde des politiciens comme dans le grand public, il n'était question que de documents compromettants pour l'Union Soviétique, d'or bolcheviste, d'agitateurs moscovites, d'instructions de Zinoviev et d'agents du Komintern.

Or, le 28 octobre, une lettre adressée au camarade Rakovsky parvint à la Représentation plénipotentiaire, disant ce qui suit :

A Monsieur le Chargé d'Affaires Rakovsky, Londres.

Je serais très heureux si vous pouviez me recevoir en particulier.

Il s'agit d'une question d'une importance exceptionnelle et je suis certain que vous ne refuserez pas de lui prêter toute votre attention. La question est telle qu'il est impossible de l'exposer entièrement dans une lettre. Il vous suffira de savoir que je suis en mesure de vous présenter 30 documents devant être employés à discréditer la Russie.

Je suis en possession de ces pièces et je vous les présenterai lors de notre rendez-vous.

Veuillez agréer, Monsieur le chargé d'affaires, l'expression de ma parfaite considération.

Singleton.

Le 29 octobre, Singleton prit, par téléphone, un rendez-vous avec le premier secrétaire de la Représentation plénipotentiaire et se présenta personnellement à une heure de l'après-midi à la Représentation. Qu'était cet homme, et que voulait-il?

Singleton était un Anglais. S'il s'adressait à la Représentation, le désir de démasquer les individus s'occupant de la fabrication de faux documents était, affirmait-il, son seul mobile.

Autrefois, Singleton s'était occupé de contre-espionnage au profit de la Russie et avait entretenu des rapports avec le général Ermolov, attaché militaire de l'ancienne ambassade tsariste à Londres. Il gardait de bons souvenirs de cette période; par contre, il tenait rancune aux autorités anglaises qui l'avaient fait emprisonner pendant deux semaines en dépit des services qu'il avait, selon lui, rendus à l'Angleterre durant la guerre. C'est ainsi qu'au moment où la fameuse lettre de Zinoviev provoquait une recrudescence de mensonges sur le compte de la Russie, il avait été amené à s'adresser à la Représentation pour lui offrir ses services.

Quant à cette campagne honteuse, elle était due, d'après Singleton, aux milieux aristocratiques anglais, désireux d'amoindrir le prestige de la Russie et de l'empêcher de reprendre sa place dans le concert européen.

Singleton révéla qu'une importante organisation de Londres l'« Union royale britannique », s'était donné pour but la lutte contre les soviets. Elle avait ses bureaux à Londres, rue Agar, et son secrétaire était un certain

Reginald Wilson et elle était subventionnée par le duc de Northumberland et le *Morning Post*.

Singleton affirma qu'un agent étroitement lié à cette organisation, ainsi qu'au Foreign Office, se trouvait justement en U.R.S.S.; il fournit même le signalement de cet agent : un grand gaillard mesurant cinq pieds onze pouces, petites moustaches, bien mis, ayant tout l'air d'un gentleman anglais. Il indiqua, en outre, qu'un autre agent, le capitaine Tomlins, se

Photographie découverte dans la valise de Singleton (celui-ci est à gauche, indiqué par une ×).

trouvant à la disposition du Ministère de la Guerre, travaillait également pour l' « Union royale britannique », sous la direction de Réginald Wilson. C'est un homme de 35 ans, soigneusement rasé, portant un pince-nez, et au doigt, une grosse bague d'argent.

Singleton avait sur lui une provision de faux documents qu'il fit voir, attirant surtout l'attention sur l'un d'eux, signé « Henderson et Mitchell » et devant, ou tout au moins pouvant être utilisé contre les signataires de la lettre.

Il avait, en outre, plusieurs photographies de lettres manifestement fausses, datées principalement de 1920 et en partie de 1923.

La plupart de ces lettres étaient rédigées sur du papier portant l'en-tête « Socalist Labor Party », à Glasgow; l'emblême soviétique figurait sur quelques-unes de ces lettres, qui, presque toutes, étaient adressées à Mitchell, à Glasgow.

Comment toutes ces lettres étaient-elles en la possession de Singleton? Notre homme expliqua qu'un de ses amis, collaborant à la fabrication des fausse pièces, étant tombé malade, il avait profité de cette circonstance pour les lui voler avec la mallette qui les contenait et dans laquelle il les avait apportées.

On examina avec Singleton le contenu de la mallette et on découvrit — ce à quoi notre homme ne s'attendait pas — une photo représentant une linotype et M. Singleton lui-même à côté. On trouva, en outre, parmi les papiers, un passeport anglais au nom d'un certain M. Lawrence et qui, de toute évidence, appartenait audit Singleton.

On proposa à Singleton de laisser l'album qui contenait la photographie de tous les documents, ainsi que l'original de celui qui devait, d'après lui, compromettre l'U. R. S. S. Singleton ne se fit pas prier et laissa l'album et la pièce compromettante afin qu'on les soumît à Rakovsky. Puis on prit rendez-vous pour le lendemain.

Le lendemain, Singleton arriva avec un retard de quelques heures. Il apportait la déclaration suivante, écrite de sa main :

Confidentiel.

Comme suite à notre conversation confidentielle de ce jour, j'ai l'honneur de vous confirmer ce qui suit : Étant parfaitement au courant de tout ce qui se passe au sein de l' « Union royale britannique » et autres organisations analogues travaillant, sous la direction de M. Reginald Wilson, à nuire au prestige russe, je propose de vous donner des preuves indiscutables de leur activité clandestine et de démontrer en même temps comment sont dépensés les fonds destinés à compromettre la Russie.

Je suis prêt à vous procurer des preuves documentaires et à obtenir de quelques personnes habitant l'Angleterre, Paris et Amsterdam, des témoignages faits sous la foi du serment, et grâce auxquels le gouvernement russe pourra non seulement réclamer qu'on mette un terme à cette activité, mais encore prouver qu'il est victime de conspirateurs ayant recours aux faux documents, etc. Bref, je propose de vous fournir des preuves suffisamment convaincantes pour qu'on puisse les soumettre aux diverses puissances.

Afin de vous donner des preuves de ma sincérité, je suis tout disposé à vous remettre dès à présent toutes les pièces se trouvant à ma disposition, sans aucune rémunération.

Voici quelles sont mes conditions :

1° Si je réussis à mener à bonne fin l'entreprise proposée, ce qui demandera environ deux mois, le gouvernement russe, en rémunération de mes services, me versera une somme d'argent dont je lui laisse le soin de fixer lui-même le montant;

2° Pour le moment, le gouvernement russe ne mettra à ma disposition que la somme strictement indispensable pour faire face aux frais nécessités par ma mission.

Voici comment je me propose d'agir :

Une semaine à Londres, trois à Glasgow, deux à Paris et deux à Amsterdam.

Je pourrai donner au gouvernement russe les noms, le signalement et l'adresse de tous les agents de la police secrète se trouvant actuellement en Russie et opérant pour le compte des institutions suivantes : Foreign Office, Union royale britannique, Ligue royale britannique, Ligue économique britannique et Parti conservateur.

Je suis en mesure d'affirmer que je pourrai m'acquitter de ma tâche avec succès.

La Représentation mit immédiatement le Foreign Office au courant de toute cette histoire, en ayant soin de joindre à sa déclaration les photographies des documents obtenus. C'était pour elle un devoir de simple loyauté. Sa démarche apprit-elle aux fonctionnaires du Foreign Office quelque chose qu'ils ignoraient? Le Foreign Office y donna-t-il une suite quelconque? On l'ignore.

Toutes les tentatives faites par la Représentation en vue d'éclaircir cette affaire restèrent vaines : le Foreign Office garde encore un silence absolu sur toute cette affaire. Quant à Singleton, à partir du 20 octobre, il disparut sans laisser aucune trace. Nul n'en a plus entendu parler.

A Paris : une tentative avortée.

Le 24 avril 1925, le premier secrétaire de l'ambassade de l'U. R. S. S. à Paris, reçut la visite du propriétaire de l'imprimerie A. Michel et fils, (17, rue des Francs-Bourgeois), où l'ambassade commandait son papier à

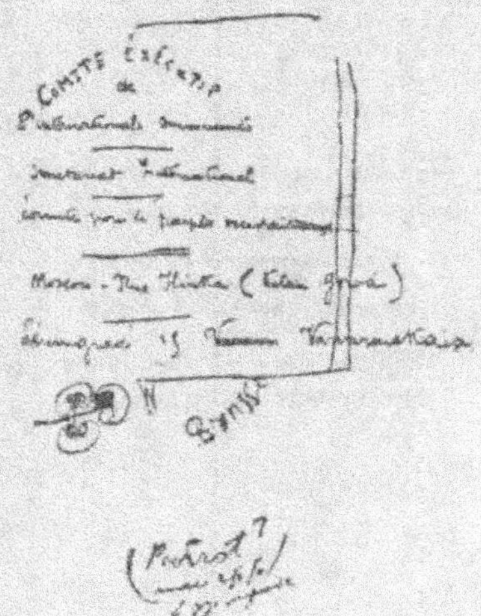

Croquis d'en-tête pour le papier à lettres commandé à l'imprimerie Michel par un faussaire inconnu.

en-tête russe. Celui-ci déclara d'abord verbalement et plus tard par écrit ce qui suit :

A Monsieur Voline, Premier Secrétaire de l'Ambassade de l'U.R.S.S., à Paris.

Le 23 avril 1925, une personne se présentait à mon imprimerie et commandait 100 feuilles de papier à l'en-tête du Comité Exécutif de l'Internationale Communiste pour les peuples occidentaux, le texte figurant à l'en-tête devait être traduit en russe.

Le client ne fit aucune difficulté pour le prix et me laissa des arrhes à condition que la commande fut exécutée pour le 24 avril au plus tard. Je demandai au client de m'apporter un bon signé par le secrétaire du Parti Communiste, ce qu'il promit de faire lorsque la commande serait prête.

Le 24 avril, mon client vint chercher le papier, mais ne m'apporta pas le bon que je lui avais demandé; il signa alors, en ma présence, un mot déclarant que le papier avait été commandé de la part de M. Voline. Pris de soupçons, je lui fis observer que cela ne me suffisait pas; il reprit alors le mot qu'il venait d'écrire et repartit en me disant qu'il reviendrait dans quelques minutes avec M. Voline lui-même.

Or, jusqu'à 5 heures, cet individu ne reparut pas à l'imprimerie.

La signature qu'il avait apposée au bas du mot en question n'était pas très lisible, mais il me semble qu'il avait signé Perrot ou bien Pierrot.

Ci-joint l'original de la commande et, à titre d'échantillon, une feuille du papier commandé.

Veuillez agréer, etc.

A. Michel.

Nous nous trouvons ici en présence d'une tentative de provocation manifeste, ayant pour but de compromettre à la fois le Komintern et Voline.

Voline téléphona immédiatement à la Préfecture de police et à la Sûreté générale, mais on n'attacha aucune importance à sa déclaration et on se montra même très peu prévenant à l'égard du plaignant.

Cette fois l'aventure ne réussit pas, ce qui ne veut pas dire, bien entendu, que le papier portant cet en-tête stupide ou d'autres un peu mieux rédigés n'ait pas été confectionné et qu'on ne s'en soit pas servi pour fabriquer de faux documents.

ИСПОЛНИТЕЛЬНЫЙ КОМИТЕТ

Коммунистического Интернационала

Интернациональный Секретар.

Комитет для Западных Народов

МОСКВА Ильинка (Китай Город)

ЛЕНИНГРАД — 15 Варваринская

L'en-tête tel qu'il fut exécuté par l'imprimerie Michel, d'après le croquis reproduit à la page précédente.

Le Conflit anglo-soviétique de 1921

Le 7 septembre 1921, six mois après la signature du traité de commerce anglo-soviétique, une note extrêmement raide fut adressée à Moscou par le chef du Foreign Office, le très conservateur lord Curzon.

Celui-ci s'y plaignait de toute une série d'infractions à l'esprit et à la lettre du traité et prétendait en rendre responsable le gouvernement soviétique. Ces infractions consistaient en des actes et des paroles attribués par le noble lord à quelques-uns des hommes les plus représentatifs de l'Etat soviétique ainsi qu'à un certain nombre de ses agents dans le Proche-Orient. La Russie était menacée de rupture au cas où elle ne mettrait pas délibérément un terme à une propagande et à une activité n'ayant pour but que de porter préjudice à la puissance ou à l'influence britannique en Asie.

Dans sa réponse, aussi ferme que digne, Litvinov, parlant au nom du Commissariat du peuple pour les Affaires étrangères n'eut pas de peine à remettre les choses au point et à démontrer au chef du Foreign Office que les accusations qu'il avait formulées ou bien étaient dénuées de tout fondement, ou bien n'étaient fondées que sur une information inexacte ou même *sur des faux avérés.*

Nous publions ci-dessous la note de lord Curzon et la réponse de Litvinov.

L'incident entre les deux gouvernements n'eut pas, on le sait, de suites graves, mais ce ne fut pas la faute des faussaires qui n'avaient rien négligé, reconnaissons-le, pour amener une rupture dont les ennemis de la Russie soviétique attendaient merveilles.

La note de lord Curzon.

D'après les stipulations contenues dans le préambule du traité de commerce passé le 16 mars entre le gouvernement de Sa Majesté et le gouvernement de la Russie soviétique, les deux parties ont pris l'engagement réciproque « de s'abstenir de toute action ou dessein agressif à l'égard de l'autre partie et de toute propagande officielle, directe ou indirecte, contre les institutions de l'autre partie; en outre, le gouvernement de la République des Soviets s'est interdit expressément toute action militaire et diplomatique, ainsi que toute propagande, quelle qu'elle soit, de nature à encourager les peuples d'Asie à une entreprise quelconque, hostile aux intérêts britanniques ou à l'Empire britannique, surtout aux Indes et dans l'Etat indépendant d'Afghanistan.

Dans une lettre remise par Sir Robert Horne à M. Krassine lors de la signature du traité, l'attention du gouvernement soviétique fut attirée sur certaines manifestations de son activité agressive dont la cessation fut demandée par le gouvernement de Sa Majesté comme condition essentielle de la reprise des relations commerciales.

En réponse à cette lettre, M. Tchitchérine, dans sa note du 20 avril, déclarait que le gouvernement soviétique considérait la signature du traité comme devant modifier radicalement ses rapports avec la Grande-Bretagne et que, d'accord avec l'esprit du traité, il éviterait dorénavant tout ce qui pourrait être interprété comme un acte d'hostilité, comme une propagande ou comme une assistance à la propagande contre les intérêts britanniques. M. Tchitchérine ajoutait en outre, que tous les agents soviétiques en Afghanistan avaient reçu des instructions particulières ayant pour objet de leur interdire toute politique antibritannique.

Le gouvernement de Sa Majesté pouvait donc se croire sûr que la conclusion du traité de commerce marquerait une nouvelle époque dans les rapports anglo-russes.

Or, déçu dans ses espoirs, le gouvernement de Sa Majesté a le regret de constater que, cinq mois après les assurances données par M. Tchitchérine, l'activité hostile qui constitue le principal obstacle au succès du traité commercial, continue toujours, avec la même force et la même persistance.

Bien plus, le gouvernement de Sa Majesté possède des preuves indiscutables que cette activité regrettable est due à l'attitude du gouvernement soviétique qui ne cesse de l'encourager.

La première accusation pouvant être formulée par le gouvernement de Sa Majesté se rapporte à l'activité de la IIIe Internationale quant à la propagation des doctrines destructives.

Les rapports concernant l'activité de cette organisation, présentés par les personnages officiels au cours du dernier Congrès ayant eu lieu à Moscou, permettent de conclure avec toute la certitude désirée que son but principal est de combattre les institutions britanniques en général, et tout particulièrement celles d'Orient.

Il suffira de citer à l'appui de cette accusation quelques exemples exposés ci-après. Dans son rapport du 1er juin au Comité central, M. Staline, président de la Section orientale, indiqua que « le but principal déterminant toute l'action du Secrétariat pour les pays d'Orient était de discréditer les pays capitalistes de l'Europe occidentale aux yeux des indigènes, d'anéantir ainsi le prestige de ces pays dans leurs colonies et de préparer ces dernières à se libérer du joug étranger. Plus le prestige de la France et de l'Angleterre sera atteint à l'extérieur, plus il sera facile de résoudre les problèmes de la lutte des classes en Orient ».

Plus loin, parlant de l'activité du Secrétariat pour les pays d'Orient du 1er février au 1er juin 1921, M. Staline déclarait, à propos du traité récemment conclu avec l'Afghanistan, que ce traité assurait des relations d'amitié avec cet Etat et « facilitait ainsi des rapports directs avec les Indes britanniques, — objet principal de la propagande du Secrétariat pour les pays d'Orient ».

Le rapporteur ajoutait que des rapports constants, bien que non officiels, étaient entretenus avec quelques leaders indigènes dans les provinces des Indes.

Voici une autre communication du même genre, faite par M. Eliava, dans un rapport semblable au précédent et présenté le 5 juin au Comité Central de la IIIe Internationale :

« Nous avons été forcés de faire quelques concessions, en renonçant à imposer nos principes et en donnant un coloris national aux véritables aspirations de la IIIe Internationale. Notre politique a été pleinement justifiée par les événements de ces dernières années. C'est ainsi qu'en 1919, au cours de notre lutte avec l'impérialisme anglais, nous avons réussi à défendre le Turkestan contre l'agression anglaise; en 1921, nous sommes déjà en mesure de prendre l'offensive contre le régime capitaliste, au cœur même des Indes ».

Enfin, le 20 juin, M. Nuorteva, chef du service de propagande de la IIIe Internationale, après avoir fait valoir l'immense travail effectué au cours du premier semestre par le Secrétariat pour les pays d'Orient, déclara ce qui suit : « Toute notre attention est donnée à l'heure actuelle à la mise au point d'un système d'approvisionnement de nos organisations orientales en tout ce qui leur est nécessaire. Jusqu'à présent, nous étions fortement gênés dans notre activité par la stricte surveillance exercée par les autorités coloniales. Dorénavant, par suite des changements inévitables qui auront lieu en Perse, nous aurons une base suffisante pour atteindre nos buts, à proximité même des Indes ».

Il n'est pas besoin d'insister sur la nature subversive des objectifs auxquels M. Nuorteva fait allusion dans son rapport, car ils ont été mainte et mainte fois portés à la connaissance de tous par l'entremise de la radio-station officielle de Moscou. Si le plan d'exécution est resté secret, les objectifs eux-mêmes ont été proclamés aux yeux du monde entier.

Bien entendu tous ces discours et proclamations émanent de la IIIe Internationale et non pas directement du gouvernement soviétique. Pourtant, ce dernier, s'il ne s'identifie pas avec cette organisation, lui est tout au moins attaché par des liens très intimes.

En effet, MM. Lenine et Trotsky sont membres du Comité exécutif de la IIIe Internationale. M. Staline, dont nous venons de citer le rapport, préside le Secrétariat pour les pays d'Orient et est commissaire du peuple pour les minorités nationales.

De même, il va de soi que le Congrès de la IIIe Internationale ne peut se réunir sur le territoire russe qu'en vertu de l'autorisation du gouvernement soviétique.

En outre, M. Nuorteva, ci-dessus nommé, s'est plaint lui-même de la confusion continuelle entre la politique de parti et la politique d'Etat, c'est pourquoi le Conseil des commissaires du peuple, pour des raisons d'ordre politique, chargea la IIIe Internationale de l'organisation des manifestations et des grèves.

D'autre part, il serait impossible d'expliquer comment la IIIe Internationale se procure les fonds nécessaires à une action de si grande envergure, si on n'admet pas que le gouvernement soviétique, qui s'oppose à la concentration capitaliste privée, met des capitaux à la disposition de la IIIe Internationale pour les besoins de son action.

L'affirmation selon laquelle le gouvernement soviétique et la IIIe Internationale sont deux institutions différentes, n'entretenant aucun rapport entre elles, et que le gouvernement des Soviets n'est nullement responsable des agissements de la IIIe Internationale, — est en contradiction absolue avec les faits et ne peut tromper ceux qui ont la moindre connaissance en la matière.

Cependant, il ne s'agit pas seulement des agissements de la IIIe Internationale ; le gouvernement de Sa Majesté se voit obligé de se plaindre également de l'attitude des représentants du gouvernement soviétique lui-même, attitude souvent contraire aux engagements pris par le gouvernement.

M. Lenine lui-même s'est permis de prononcer, dans une réunion publique, des paroles qui ne peuvent être qualifiées autrement que contraires à l'esprit de la convention. Par exemple, le 8 juin, à la séance du congrès de la IIIe Internationale, il a dit textuellement ce qui suit :

« Nous devons employer le moment de répit qui nous est accordé actuellement pour mieux préparer la révolution dans les pays capitalistes. Le réveil de plusieurs millions d'ouvriers dans les colonies et dépendances est un facteur puissant de la révolution future. Il en résulte pour nous qu'une tâche d'une immense portée nous incombe, à savoir : seconder les masses innombrables des pays arriérés sur le chemin de la révolution mondiale ».

Indes.

Le gouvernement de Sa Majesté est en possession de preuves confirmant l'activité malveillante des révolutionnaires hindous en Europe, activité qui déjà avait fait l'objet de plaintes de la part de M. Horne, dans sa dernière note.

A la suite des pourparlers laborieux qui ont eu lieu entre le gouvernement soviétique et M. Tchattopadhiaya, plusieurs des révolutionnaires hindous, réfugiés à Berlin et en d'autres villes d'Europe, ont reçu du gouvernement soviétique, l'invitation de se réunir le 25 mai 1921 à Moscou, en vue d'examiner les meilleurs moyens de provoquer une révolution aux Indes. Ils ont reçu également des subsides de la part de M. Kopp, représentant officiel du gouvernement des Soviets à Berlin, qui a visé leurs passeports.

Ainsi, M. Tchattopadhiaya a reçu du gouvernement soviétique, à titre de subvention, la somme de 15.000 couronnes suédoises; en outre, tous les membres de l'Association révolutionnaire hindoue qui prirent part au Congrès de Moscou, ont reçu une indemnité pour leurs frais de voyage et, en plus, une subvention supplémentaire variant de 2.000 à 15.000 marks.

Le gouvernement de Sa Majesté sait que la mission soviétique de Berlin s'est employé à faciliter des rapports entre les membres de l'association révolutionnaire hindoue de Berlin, soutenant, comme le gouvernement soviétique doit le savoir, la lutte contre les autorités britanniques aux Indes et les révolutionnaires hindous se trouvant à Moscou; ce faisant, le gouvernement soviétique s'est associé à un complot anti-britannique auquel il a accordé son appui direct.

Le gouvernement soviétique a fait de nombreuses démarches auprès d'un anarchiste hindou bien connu, le docteur Hafiz, spécialisé à Vienne dans la fabrication des bombes, pour l'amener à aller diriger des dépôts de bombes en Afghanistan, à la frontière hindoue. Aidé du gouvernement soviétique, le docteur Hafiz entreprend actuellement à Kaboul, la fabrication de la poudre; il a reçu du gouvernement soviétique une subvention de 10.000 couronnes pour l'entretien de sa famille.

Perse.

En ce qui concerne la Perse, le gouvernement de Sa Majesté a les raisons les plus sérieuses pour considérer que l'action soviétique y est dirigée principalement contre les intérêts britanniques. M. Rothstein, représentant du gouvernement soviétique à Téhéran, y a apporté des fonds très importants dont la plus grande partie a été dépensée pour la propagande. Son personnel est composé de 100 personnes dont plusieurs s'occupent activement de la propagande. Ce personnel, ainsi que M. Rothstein, s'est efforcé par tous les moyens à sa disposition de dresser les membres du Medjilis et autres personnalités persanes contre le gouvernement de Sa Majesté.

Il est notoire que M. Rothstein a subventionné quelques journaux persans en vue de mener une campagne de presse contre la Grande-Bretagne. On sait également qu'il fait tout son possible pour dissimuler son activité anti-britannique et en faire retomber la responsabilité sur d'autres personnes. Par exemple, en réponse à la protestation du gouvernement persan, en date du 4 juillet 1921, à propos de l'occupation de la ville de Recht, il a déclaré que ce fait devait être imputé uniquement au gouvernement soviétique d'Azerbeidjan dont l'activité ne peut être que difficilement contrôlée par Moscou. Loin de partager cet avis, le gouvernement de Sa Majesté est convaincu que si le gouvernement soviétique désirait réellement contrôler la politique du gouvernement d'Azerbeidjan, il serait parfaitement en mesure de le faire.

Il est hors de doute que le gouvernement soviétique lui-même approuve entièrement la politique de M. Rothstein et que M. Tchitchérine a acquiescé à la proposition de ce dernier tendant à fonder un Comité révolutionnaire à Téhéran.

Non content de sa propre activité, M. Rothstein s'efforce d'établir des liens de collaboration étroite avec le nouveau représentant des Soviets à Kaboul, à l'aide duquel il espère obtenir la révocation du représentant actuel de l'Afghanistan à Téhéran, et son remplacement par un ennemi plus actif de la Grande-Bretagne.

Turkestan.

La note de M. Robert Horne a attiré l'attention de M. Krassine sur l'activité subversive de l'école de propagandistes de Tachkent, servant de base à l'action révolutionnaire dans les Indes et formant des émissaires chargés de faire de la propagande dans ce pays.

D'après les renseignements en possession de Sa Majesté, les instructions envoyées de Moscou au mois de mars en vue d'intensifier la propagande en Orient et plus particulièrement dans le Turkestan et à la frontière des Indes n'ont pas été annulées. Des crédits s'élevant à deux millions de roubles-or ont été affectés à cet effet; la ville de Tachkent et, si possible, celle de Kaboul, ont été choisies pour servir de base à l'action projetée. Le gouvernement de Sa Majesté est informé que la base de Tachkent n'a pas été transférée à Kaboul, comme cela avait été envisagé; il sait également que les intrigues anti-britanniques dont Tachkent était le centre, continuent encore à présent. Des indigènes originaires des Indes, rentrant dans leur pays par l'Afghanistan et arrêtés au cours des deux derniers mois sur la frontière hindoue, n'ont même pas essayé de dissimuler qu'ils avaient été envoyés à Tachkent par les fonctionnaires du gouvernement soviétique, afin de recevoir la préparation nécessaire au travail de propagande et qu'ils avaient été ensuite munis de fonds et de moyens techniques pour retourner aux Indes.

Angora.

Le gouvernement de Sa Majesté comprend parfaitement les véritables raisons de l'appui prêté par le gouvernement soviétique aux nationalistes turcs, auxquels il a accordé des fonds très importants et fourni des armes de toutes sortes. Le gouvernement de Sa Majesté en a reçu des preuves, au moment même où M. Klychko affirmait au premier ministre l'absence de tout appui de ce genre. Dans le même ordre d'idées, le gouvernement soviétique a usé de toute son influence auprès du gouvernement d'Angora pour empêcher ce dernier de régler à l'amiable ses différends avec les puissances de l'Entente; à cet effet, il a même concentré des forces considérables à la frontière d'Anatolie, en faisant croire au gouvernement d'Angora que ces forces étaient destinées à être envoyées en Anatolie pour appuyer activement les Turcs.

Il est facile de comprendre les raisons de cette attitude du gouvernement soviétique : la Turquie, comme l'a déclaré très clairement M. Staline, est considérée comme « la forteresse du monde musulman, constituant la plus réelle menace à la domination européenne en général et à celle de l'Entente en particulier ».

En même temps, M. Karakhan, dans son dernier rapport sur la « situation dans le Proche-Orient », déclarait ceci : « Angora avec ses ramifications en Orient, à Samarcande, et en Occident, au Caire, est le véritable centre spirituel et administratif du front unique des populations indigènes opprimées, front qui s'étend du Gange, en Orient, au Nil, en Occident. L'enthousiasme révolutionnaire inspiré par Angora à la population musulmane de ce vaste continent est dominé par une discipline si sévère, qu'aucun événement important ne peut s'y produire à l'insu et sans la sanction du gouvernement d'Angora qui, de son côté, agit en plein accord avec nous. »

D'autre part, M. Eliava, dans son rapport précité, a écrit : « A l'heure actuelle, l'affermissement de l'influence turque en Afghanistan et parmi les peuples de l'Inde constitue une tâche de la plus haute importance, car les peuples isolés, agissant seuls, ne pourront jamais secouer le joug de leurs oppresseurs ».

Afghanistan.

Mais l'accusation la plus grave que le gouvernement de Sa Majesté soit en mesure de formuler contre le gouvernement soviétique est la suivante : il s'agit, en l'occurence du traité russo-afghan, considéré par Staline, dans son rapport sus-mentionné, comme garantissant des rapports d'amitié avec l'Etat au travers duquel « l'Internationale Communiste entretient une liaison directe » avec les Indes.

L'article 10 de ce traité (qui est un document officiel communiqué par M. Krassine au gouvernement de Sa Majesté) et l'article supplémentaire complétant l'article 10, fournissent des précisions sur le caractère de cette amitié si nécessaire à l'Internationale Communiste pour la réalisation de sa politique. Il s'agit d'une subvention annuelle d'un million de roubles or ou argent, en monnaie ou en lingots, et de la construction d'une ligne télégraphique Kouchk-Herat-Kandahar-Kaboul; en outre, le gouvernement des Soviets s'est déclaré prêt à mettre à la disposition du gouvernement afghan « des techniciens, spécialistes et autres ».

En effet, les renseignements reçus d'Afghanistan confirment l'arrivée dans la capitale du pays d'une certaine quantité de devises étrangères qui constitue sans doute, le premier acompte sur la subvention promise.

Le traité en question contient, en outre, deux articles — 4 et 5 — prévoyant l'installation de consulats russes dans certaines localités de l'Afghanistan et plus particulièrement à Herat, Meïmène, Mazar-Chérif, Kandahar et Ghazni.

L'article concernant les consulats russes avait déjà attiré l'attention de Sir Robert Horne, dans sa note du 16 mars. Néanmoins, le gouvernement de Sa

Majesté est informé que tout récemment, malgré les observations présentées à ce sujet par M. Horne, M. Tchitcherine a insisté tout particulièrement sur la nécessité de maintenir, pour des raisons d'ordre économique, l'article du traité russo-afghan, prévoyant l'installation de consulats russes dans les provinces orientales d'Afghanistan. M. le ministre des Affaires étrangères de Russie sait mieux que personne que l'installation de consulats russes dans ces régions ne peut se justifier par des nécessités économiques.

Indépendamment des déductions pouvant être tirées des déclarations précédentes de M. Staline, précisant la portée de la convention russo-afghane, le gouvernement de Sa Majesté dispose de preuves incontestables confirmant que le gouvernement soviétique tout entier considère ces consulats comme des centres éventuels de propagande et que, pour cette raison précise, il a cherché instamment à obtenir le consentement du gouvernement afghan.

Or, en dépit des protestations formulées par Sir R. Horne, au mois de mars, M. Souritz put, dès le mois de mai, communiquer au ministre des Affaires étrangères afghan que les nouveaux consuls, accompagnés de leur personnel, arrivaient avec M. Rosenberg, qui, en effet, ne tarda pas de s'installer à Kaboul.

Les faits précités sont loin de donner une idée complète de l'activité du gouvernement soviétique et de ses agents en Afghanistan, contre laquelle le gouvernement de Sa Majesté est obligé de protester. Le gouvernement de Sa Majesté possède de nombreuses preuves de l'envoi en Afghanistan de Djemal pacha (contre l'activité duquel Sir Robert Horne protesta dans sa note du 16 mars) par le gouvernement soviétique. On sait que l'attitude de Djemal pacha est entièrement déterminée par Moscou et que son activité est contrôlée par l'ambassade soviétique de Kaboul.

Vers la fin de l'été 1920, lorsqu'il se rendit à Kaboul, Djémal-Pacha fut reçu par M. Souritz. Il se présenta (ainsi que ses compagnons de voyage, parmi lesquels se trouvait un révolutionnaire hindou bien connu, Barkatoulla), comme délégué de la section orientale du Commissariat du peuple pour les Affaires étrangères et homme de confiance, représentant à la fois le gouvernement soviétique russe et le gouvernement révolutionnaire turc.

L'action poursuivie par Djemal pacha en Afghanistan est financée à présent comme par le passé, par le gouvernement soviétique ; en effet, de temps à autre, on a pu constater certaines difficultés et même des arrêts provisoires dans l'activité de Djemal pacha, par suite d'irrégularités dans l'arrivée des fonds; il recevait des sommes assez importantes; une fois, par exemple, il reçut un mandat d'un demi-million de roubles.

Le gouvernement de Sa Majesté sait que les fonds parvenaient à Djemal pacha par l'entremise de l'ambassadeur soviétique à Kaboul, chargé de contrôler l'activité de Djemal. Le caractère de cette activité est bien connu du gouvernement de Sa Majesté. Le but principal de Djemal est la propagande parmi les populations habitant aux confins de l'Afghanistan et des Indes, et surtout parmi celles du Vasiristan qui furent même invitées, en janvier dernier, à envoyer un délégué à Kaboul pour délibérer avec Djemal au sujet d'un plan d'action. Le gouvernement de Sa Majesté proteste énergiquement contre les agissements de Djemal.

En dehors de la propagande active parmi les indigènes (faite personnellement par Djemal au cours de ses voyages à travers les contrées attenantes à la frontière, ou par l'intermédiaire de son représentant et des maliks indigènes), propagande dont les dépenses s'élevèrent à Rs. 1.500.000, somme que Djemal reçut chez Souritz, il s'occupa également de fournitures d'armes et de munitions (modèle britannique de préférence); d'accord avec l'ambassadeur soviétique, il évalua le montant des dépenses nécessaires à cet effet à Rs. 10.000.000.

Le « délégué vasiristan », ainsi que ses collaborateurs principaux, sont bien connus des officiers britanniques en service sur la frontière nord-ouest des Indes. L'activité de ces agitateurs est rigoureusement surveillée et le gouvernement hindou possède des renseignements précis sur les fonds, les armes et les munitions qui leur parviennent de temps en temps et qui sont destinés aux indigènes, actuellement en lutte contre l'armée britannique. Cette activité continue toujours avec la même force et la même énergie. Le gouvernement de Sa Majesté possède également des preuves indiscutables des efforts prodigués par Djemal, sur l'initiative et avec l'appui de Moscou, en vue de former des légions d'élite afghanes; il est aussi au courant des dépenses nécessitées par la mission de Djemal, y compris les frais d'entretien des officiers turcs collaborant avec ce dernier, des subsides accordés à la famille de Djemal, etc.

Le texte des lettres de créance, remises par Djemal à l'émir afghan, confirme que le gouvernement soviétique, en arrêtant son choix sur la personne de Djemal, a tenu compte des sentiments de sympathie que la nationalité et la religion de Djemal pourraient inspirer au peuple afghan et aux peuplades fanatiques habitant les confins de ce pays.

En réalité, il ne s'agissait que d'accomplir un pas de plus dans la voie tracée par le gouvernement soviétique et la IIIe Internationale et devant amener ceux-ci au but final, savoir : la création d'un vaste mouvement musulman qui porterait un coup décisif au capitalisme et anéantirait tout le système colonial sur quoi repose la puissance du capitalisme occidental.

Le fait que Bedry bey et Ali Fouad pacha, avant de donner à Djemal des directives, consultent les membres officiels du gouvernement soviétique et de la IIIe Internationale, confirme pleinement que Djemal n'est qu'un agent du gouvernement soviétique et que la direction générale du mouvement se trouve en réalité entre les mains de ce dernier.

Les événements des cinq derniers mois permettent de conclure que les conditions préalables auxquelles le gouvernement de Sa Majesté, lors de la conclusion du traité de commerce, avait subordonné le rétablissement des rapports avec la Russie soviétique ne furent jamais réalisées. En dépit de toutes les protestations de bonne foi prodiguées par le gouvernement soviétique, on a pu constater les symptômes de son hostilité incontestable à l'égard de notre pays et de nos dépendances.

Sans parler de toutes autres considérations, le gouvernement soviétique a fait preuve d'une incompréhension absolue des principes élémentaires qui sont à la base des relations entre les gouvernements, maintenant les uns avec les autres des rapports d'amitié apparente et défendant jalousement leurs institutions nationales contre toute ingérence extérieure.

Le gouvernement soviétique se montre toujours incapable de comprendre, paraît-il, que les injures et les insultes, — abondamment prodiguées par ses représentants officiels à l'égard de notre régime politique et social, — sont des obstacles infranchissables au rétablissement des rapports normaux et que l'activité hostile de ses agents permet de mettre en doute la sincérité du gouvernement soviétique quant à la reprise de ces rapports.

Le gouvernement de Sa Majesté a longtemps refusé de croire que le gouvernement soviétique ne fût pas animé d'un désir égal au sien de créer une atmosphère plus propice au rétablissement des rapports normaux entre la Russie soviétique et la Grande-Bretagne. Le gouvernement de Sa Majesté désire sincèrement que le traité de commerce russo-britannique puisse non seulement être appliqué, mais constitue le premier pas vers le rétablissement de rapports d'amitié entre nos deux pays.

Cependant, ces perspectives ne peuvent être réalisées tant que les faits indiqués persisteront; et le gouvernement de Sa Majesté se voit obligé d'exiger cette fois du gouvernement soviétique la garantie formelle de faire cesser cette activité préjudiciable qui constitue une infraction aux principes du traité de commerce.

Le 7 septembre 1921.

I. - La réponse des Soviets.

Le 15 septembre, M. Hodgson transmettait au commissaire du peuple pour les Affaires étrangères un document sans adresse ni signature, daté du 7 septembre et rédigé sous forme de note émanant du ministre britannique des Affaires étrangères.

Le contenu de ce document qui, d'après les explications de M. Hodgson, n'était pas destiné à être publié, fut néanmoins divulgué et vivement discuté dans la presse.

Il aurait suffi au commissaire du peuple pour les Affaires étrangères de jeter un simple coup d'œil sur ladite pièce pour pouvoir répondre à M. Hodgson, sans plus tarder, que les accusations qui y étaient formulées étaient ou bien dénuées de tout fondement ou bien fondées sur une fausse information et sur de faux documents.

Cependant, le commissaire du peuple pour les Affaires étrangères ne crut pas devoir suivre l'exemple du ministère britannique des Affaires étrangères, qui, lui, avait l'habitude de rendre trop précipitamment les notes contenant des accusations considérées par le ministère comme étant absolument injustifiées.

Loin de là, désireux d'éliminer tout prétexte de malentendus entre les deux gouvernements, le commissaire du peuple pour les Affaires étrangères examina minutieusement toutes les accusations contenues dans la note et tous les faits sur lesquels elles pouvaient reposer.

En accusant le gouvernement russe de ne pas observer les engagements contractés en vertu du traité anglo-russe du 16 mars, la note anglaise se réfère à l'activité du gouvernement russe et de ses représentants dans les pays d'Orient, activité dirigée, paraît-il, contre les intérêts britanniques. Pour mieux fonder ces accusations, la note implique dans l'affaire la IIIe Internationale Communiste, citant quelques rapports soi-disant présentés au Comité Central de cette organisation par des membres et fonctionnaires du gouvernement russe, tels que Staline, Eliava, Karakhan et Nuorteva; elle rapporte, en outre, une phrase prise dans un discours soi-disant prononcé le 8 juin, au Congrès de la IIIe Internationale par le camarade Lénine.

Les extraits des rapports et des discours cités dans cette note constituent le fond de toutes les autres accusations et sont destinés à prouver que la politique du gouvernement russe tend à combattre l'influence du gouvernement anglais en Orient et à provoquer un mouvement révolutionnaire dans les colonies et les dépendances britanniques; qu'enfin, l'action des représentants russes n'a d'autre but que de réaliser la politique de la IIIe Internationale confondue à tort avec le gouvernement russe.

Le gouvernement russe désire profiter de cette occasion pour souligner une fois de plus que ni la décision prise par la IIIe Internationale de fixer le siège de son Comité exécutif en Russie — le seul pays où la propagation des idées communistes soit libre et où les communistes soient à l'abri des persécutions — ni la participation personnelle de quelques membres du gouvernement russe au Comité exécutif de ladite organisation, ne donnent le droit de confondre le gouvernement soviétique avec la IIIe Internationale, pas plus que la participation du ministre belge Vandervelde au Comité exécutif de la IIe Internationale, qui a son siège permanent à Bruxelles, ne donne le droit de confondre les gouvernements belge et britannique avec la IIe Internationale.

En outre, sur les 31 membres du Comité exécutif de la IIIe Internationale, les Russes n'y sont qu'au nombre de 5, et encore parmi ces 5 membres 3 n'appartiennent-ils pas au gouvernement.

Cependant, le gouvernement russe n'entend pas rester sur le terrain des considérations de pure forme pour réfuter les accusations résultant de ce qu'on le confond avec la IIIe Internationale. Il désire examiner ces accusations à fond pour prouver qu'elles sont absolument injustifiées.

Dans cet ordre d'idées, il est obligé de faire observer tout d'abord que Staline, accusé dans la note britannique d'avoir présenté en juin 1921 divers rapports au « Comité Central » au nom de la « Section Orientale de la IIIe Internationale », n'a jamais présenté et ne pouvait présenter de semblables rapports, pour la bonne raison qu'il n'eut jamais rien de commun avec la IIIe Internationale ni avec une section quelconque de cette organisation. Quant à la Section orientale elle-même, elle a été liquidée en automne 1920.

Il en est de même pour Eliava qui ne collabora jamais avec la IIIe Internationale et n'a jamais présenté de rapports quels qu'ils soient au « Comité Central ».

Le cas du camarade Karakhan est exactement le même. Lui non plus n'a jamais présenté de rapports sur « la situation générale dans le Proche-Orient » ni sur un autre sujet.

L'accusation formulée contre Nuorteva, « chef du service de propagande de la IIIe Internationale », d'après les termes de la note britannique, qui lui attribue un rapport fait le 20 juin, — n'est pas plus fondée que toutes les autres. Il suffit de dire que « le service de propagande » n'existait pas à cette époque et que Nuorteva n'assumait aucune fonction au sein de la IIIe Internationale. De plus, il lui aurait été vraiment bien difficile de présenter des rapports quelconques en juin 1921, étant donné que depuis le mois de mars il est en prison.

Quant au discours du camarade Lénine cité dans la note britannique et soi-disant prononcé le 8 juin au Congrès de la IIIe Internationale, le gouvernement britannique pourrait facilement se rendre compte, en consultant les comptes rendus des séances du Congrès, publiés par les journaux de Moscou, que le 8 juin, le camarade Lénine n'a prononcé aucun discours, et que dans ceux qu'il a prononcés à diverses époques, les phrases rapportées dans la note manquent absolument. Cela se conçoit d'ailleurs fort bien, car les phrases qui lui sont injustement imputées n'ont aucun rapport avec le sujet de ses discours et ne pouvaient, par conséquent, y figurer.

Il est d'ailleurs absolument clair que tous les rapports, discours et déclarations cités dans la note britannique, sont fabriqués de toutes pièces et que cette falsification a un but. Ces documents falsifiés furent publiés il y a quelque temps dans divers journaux contre-révolutionnaires russes qui citèrent, d'ailleurs, une quantité d'autres documents soi-disant émanés de la IIIe Internationale, de diverses institutions soviétiques ou bien des camarades Lénine, Trotsky, Tchitchérine, Litvinov, Préobrajensky et autres, ayant trait au gouvernement soviétique.

En cherchant à établir les sources de ces faux, le gouvernement russe a découvert un certain « bulletin » publié en Allemagne sous le titre *Ost-Information* par un groupe anonyme d'espions. Ce bulletin desservait principalement les journaux contre-révolutionnaires et les agents secrets des divers gouvernements étrangers désireux d'acquérir des documents confidentiels concernant la Russie soviétique.

En dépit de la mention « très confidentiel » apposée sur le « bulletin », non seulement ce dernier ne dissimule pas l'adresse de son imprimerie, mais il l'indique en toutes lettres (A. Vinser, Wilhelmstrasse, 11, Berlin S.O. 48); dans un de ses numéros, il indique même l'adresse de sa banque (Westerhagen und Co, Potsdamerstrasse, 127, Berlin; annexe 1) chargée de recevoir le montant des souscriptions.

M. Hodgson put examiner en personne les numéros authentiques de ce bulletin qui lui furent soumis à cet effet au Commissariat pour les Affaires étrangères; les photographies de plusieurs pages de ce bulletin sont, en outre, jointes à la présente note. C'est précisément dans ce bulletin que sont publiés la plupart des documents fabriqués par des faussaires, à savoir : des instructions, des circulaires, des lettres privées, des aveux écrits, etc., émanant soi-disant de divers chefs soviétiques.

Ce fut probablement aussi la source de la fausse information ayant trait à la Russie soviétique et aux leaders soviétiques, parue dans le rapport officiel du Comité parlementaire à la tête duquel est placé Lord Emmot.

Il est fort regrettable que ces rapports et discours absolument faux aient été reproduits par le ministère des Affaires étrangères britannique dans sa note officielle et lui aient servi pour formuler des accusations contre le gouvernement d'un pays ami.

En effet, on ne peut qualifier de simple coïncidence le fait que la plupart des rapports et discours apocryphes attribués à Staline, Eliava, Nuorteva, Karakhan et Lénine soient publiés dans le bulletin des espions allemands exactement dans les mêmes termes qu'ils le furent dans la note britannique. Nous entendons ici le prétendu rapport d'Eliava (annexe 2), ceux de Nuorteva et de Karakhan (annexe 3) et le discours soi-disant prononcé par Lénine (annexe 4).

Le gouvernement soviétique est persuadé que le gouvernement britannique fut induit en erreur par une bande de faussaires et d'escrocs professionnels et que la note du 7 septembre n'aurait jamais été écrite si le gouvernement britannique avait été mieux renseigné sur les sources louches de son information.

Le gouvernement russe n'est pas encore en mesure de préciser la source de l'information, non moins incontestablement fausse, se rapportant à d'autres chapitres de la note du 7 septembre portant les titres : « Indes », « Perse », « Turkestan », « Angora » et « Afghanistan »; car la plupart des accusations contenues dans ces chapitres sont également basées sur des rapports et des discours apocryphes.

Le gouvernement soviétique désire néanmoins déclarer dès à présent, de manière à ne plus laisser subsister aucun doute, que depuis la signature du traité anglo-russe, il n'a eu aucun rapport direct ou indirect avec M. Tchattopadia ni avec aucun autre révolutionnaire hindou; qu'il n'existe aucune école de propagandistes à Tachkent en vue de préparer des émissaires pour les Indes; qu'en outre, il n'a jamais eu aucun rapport avec le docteur Hafiz et n'a aucune connaissance de sa fabrique de poudre. Par contre, le gouvernement soviétique peut confirmer qu'un jour un individu hindou, lui ayant proposé d'organiser le trafic d'armes à Kaboul, fut arrêté comme agent provocateur et se trouve encore en prison.

Dans le même ordre d'idées, le gouvernement soviétique décline toute responsabilité quant aux agissements, à Kaboul, de Djemal pacha, auquel il n'a jamais accordé aucune assistance.

Quant au passage de la frontière russe par des originaires des Indes ou des personnes d'une autre nationalité, se rendant en Afghanistan, ce fait ne constitue pas une infraction plus grave au traité anglo-russe que celle qui résulte de la liberté de déplacement accordée au grand nombre de conspirateurs contre-révolutionnaires auxquels l'Angleterre a offert son hospitalité.

Le gouvernement soviétique serait également très désireux de faire observer que l'affirmation contenue dans la note britannique et selon laquelle il aurait empêché le gouvernement d'Angora de s'entendre avec le gouvernement britannique, est absolument dénuée de tout fondement, de même qu'une autre affirmation selon laquelle le gouvernement soviétique aurait concentré des forces considérables sur la frontière d'Anatolie.

Ces accusations paraissent d'autant plus surprenantes que le Commissariat du peuple pour les Affaires étrangères s'est employé tout récemment à faciliter la rencontre d'un agent officiel britannique avec l'ambassadeur turc à Moscou et leur a donné la possibilité de discuter le différend existant entre leurs gouvernements.

Si le gouvernement britannique était mieux renseigné et pouvait voir les documents authentiques russes, il s'apercevrait qu'aussitôt après la conclusion du traité anglo-russe, le gouvernement soviétique donna des instructions précises à ses agents en Orient, leur interdisant catégoriquement toute propagande anti-britannique et leur enjoignant de mettre leur action diplomatique en harmonie avec la nouvelle situation résultant de la conclusion du traité et avec les nouvelles relations créées entre les deux gouvernements.

Le gouvernement russe n'a aucune raison de croire que l'attitude de ses représentants ait enfreint les instructions reçues à cet égard et qu'ils ne se contentent pas de défendre les intérêts russes sans léser en quoi que ce soit les intérêts britanniques.

Fidèle à ses principes et reconnaissant à tous les peuples le droit de libre détermination de leur sort, le gouvernement soviétique et ses représentants diplomatiques éprouvent le plus profond respect pour l'indépendance des peuples d'Orient et, pour le mieux prouver, ils ont même renoncé aux privilèges et concessions arrachés de force à ces peuples par le gouvernement tsariste. C'est dans cet ordre d'idées que le gouvernement russe accorde à ces peuples si maltraités par la Russie d'avant la révolution, des secours financiers et matériels, pour réparer le mal qui leur a été fait.

Le gouvernement russe ne peut s'expliquer par quelle aberration l'aide accordée ouvertement à l'Afghanistan en vertu d'un accord annoncé au gouvernement britannique par Krassine, a pu être interprété comme un acte hostile aux intérêts britanniques.

Les accusations formulées à cet égard manquent de précision et sont ou mal fondées ou fondées sur des faits inventés de toutes pièces. Telle est, par exemple, l'affirmation disant que M. Rothstein a pris l'intiative de fonder à Téhéran un Comité révolutionnaire, ou bien une autre accusation lui imputant des intrigues en vue d'obtenir la révocation de représentants afghans qui, en réalité, sont très estimés de lui et jouissent de sa sincère amitié.

On peut admettre que les représentants russes aient parfois causé préjudice aux intérêts britanniques sans le vouloir, faute de savoir au juste la véritable attitude du gouvernement britannique dans telle ou telle circonstance.

Le gouvernement russe croit devoir rappeler à ce propos qu'au cours des négociations précédant la conclusion du traité, ce fut précisément le gouvernement russe qui insista pour discuter les questions litigieuses dans toute leur ampleur en vue de bien mettre au point les obligations réciproques des deux parties.

Cette attitude du gouvernement russe fut dictée, comme il l'a d'ailleurs indiqué dans toutes ses notes, par le désir sincère d'éviter les malentendus possibles en cas d'incertitude.

Or, le gouvernement britannique réclama avec insistance que le traité fût conclu par un échange de radiogrammes et que les obligations des parties contractantes fussent exprimées très brièvement.

Néanmoins, le gouvernement russe a fait tout son possible pour exécuter loyalement les engagements contractés et s'est efforcé d'éviter les malentendus et les froissements. Il n'a pu pourtant empêcher les malfaiteurs d'induire en erreur par de faux documents le gouvernement britannique. Et il ne s'attendait pas le moins du monde à ce que le ministre des Affaires étrangères britannique crût pouvoir utiliser ces fausses pièces pour discréditer le gouvernement russe et mettre en doute sa loyauté dans l'accomplissement des engagements contractés.

De son côté, le gouvernement russe se voit obligé de constater que l'attitude prise à son égard depuis quelque temps par le gouvernement britannique est peu empreinte d'une véritable cordialité.

Le gouvernement russe est en mesure de citer plusieurs faits qui se sont produits récemment et qui sont loin de l'encourager à maintenir des rapports d'amitié entre les deux peuples et les deux gouvernements. Le gouvernement russe entend ici l'arrestation de plusieurs représentants commerciaux russes effectuée à Constantinople par les autorités britanniques sans qu'aucune accusation ait été formulée contre eux; la coopération étroite avec le gouvernement français dans la soi-disant « question russe », l'appui prêté constamment à l'effort de la France pour empêcher aux divers pays et aux organisations internationales de secourir la population affamée de la Russie, enfin, l'envoi de la note du 7 septembre, alléguant, à l'appui des graves accusations qu'elle contenait, des faits inventés et des renseignements puisés à des sources douteuses, et cela au moment même où la France tentait de décider la Pologne et la Roumanie à attaquer la Russie.

Le gouvernement britannique doit savoir que le gouvernement russe est toujours prêt à délibérer avec lui pour rechercher les meilleurs moyens d'aplanir les difficultés qui s'opposent au rétablissement des rapports normaux entre leurs deux pays.

Et lorsque le gouvernement britannique, au lieu de formuler des accusations injustifiées et de suspecter la bonne foi du gouvernement russe ou d'empêcher les autres pays de conclure des accords avec la Russie, — manifestera le désir d'aplanir des difficultés existantes au moyen de négociations directes, il trouvera le gouvernement russe animé du même désir et prêt à aller à sa rencontre.

Moscou, 27 septembre 1921.

Le Commissaire du peuple pour les Affaires étrangères par intérim,
Maxime Litvinov.

Le conflit anglo-soviétique de 1924

Les pièces ci-après permettent de constater d'une façon indiscutable :

1° Que la « lettre de Zinoviev » fut publiée aussitôt après le procès du communiste Campbell et à la veille des élections parlementaires, à seule fin d'impressionner les électeurs et d'assurer la victoire des conservateurs;

2° Que l'original de cette lettre n'a jamais existé (voir la déclaration de la Commission du Gouvernement du 4 novembre et celle de la délégation des trade-unions) et que le Gouvernement britannique n'a jamais eu en main qu'une pseudo-copie tapée à la machine;

3° Que le Gouvernement britannique déclina l'offre qui lui fut faite par le Gouvernement soviétique de nommer une Commission d'enquête impartiale ayant pleins pouvoirs pour éclaircir à fond l'incident;

4° Que le Gouvernement britannique déclina également l'offre du Gouvernement soviétique de garantir l'immunité à la personne qui, s'étant soi-disant trouvée à Moscou en possession de l'original de la lettre, en avait transmis copie au Gouvernement britannique;

5° Que la lettre de Zinovieff, à en juger par plusieurs indices (forme, signature, etc.), n'est qu'un faux, grossier et mal fait.

I. - La fausse lettre de Zinoviev *ou* lettre rouge.

Bureau du Comité exécutif
de la IIIe Internationale communiste.

—

TRÈS SECRET.

Moscou, le 15 septembre 1924.

Au Comité central du Parti communiste britannique.

CHERS CAMARADES,

Le moment approche où le parlement d'Angleterre doit examiner le traité conclu entre les gouvernements de Grande-Bretagne et l'U.R.S.S. en vue de sa ratification. La violente campagne soulevée par la bourgeoisie autour de cette question montre que la majorité, avec tous les milieux réactionnaires, se dresse contre le traité en vue de rompre l'accord consolidant les liens entre les prolétariats des deux pays et aboutissant à la restauration des relations normales entre l'Angleterre et l'U.R.S.S.

Le prolétariat de Grande-Bretagne qui a dit son mot autorisé quand il y avait menace de rupture des négociations passées, et qui a contraint le gouvernement de Mac Donald à conclure le traité, doit faire preuve de la plus grande énergie possible dans la lutte ultérieure pour la ratification, et contre les efforts des capitalistes britanniques en vue d'obliger le parlement à l'annuler.

Il est indispensable de secouer les masses du prolétariat britannique, de mettre en mouvement l'armée des prolétaires chômeurs dont la situation ne peut s'améliorer que si un emprunt est accordé à l'U.R.S.S. pour la restau-

(1) La traduction de la lettre de Zinoviev ainsi que celle de la plupart des notes échangées entre le Foreign Office et Rakovsky ont été empruntées par nous à l'*Europe Nouvelle*.

ration de sa vie économique et si l'on établit une collaboration active entre les prolétariats de Grande-Bretagne et de Russie. Il est absolument nécessaire que le groupe du *Labour Party* qui sympathise avec le traité renforce sa pression sur le gouvernement et les milieux parlementaires en faveur du traité.

Surveillez de près les leaders du *Labour Party* parce qu'ils peuvent facilement tomber dans les filets de la bourgeoisie. La politique extérieure du *Labour Party* telle qu'elle se présente actuellement, est une mauvaise copie de la politique du gouvernement Curzon. Organisez une compagne pour démasquer la politique extérieure de Mac Donald.

Le I.K.K.I. (1) mettra volontiers à votre disposition le nombreux matériel qu'il possède relativement à l'activité de l'impérialisme britannique dans le Moyen et l'Extrême-Orient. En attendant, concentrez toutes vos forces dans la lutte pour la ratification du traité et pour la continuation des pourparlers relatifs au règlement des relations entre l'U.R.S.S. et l'Angleterre.

Le règlement des relations entre les deux pays aidera au triomphe révolutionnaire du prolétariat international et du prolétariat britannique non moins qu'un soulèvement heureux dans une région ouvrière quelconque d'Angleterre, car l'établissement d'un contact étroit entre les prolétariats britannique et russe, l'échange de délégations et d'ouvriers, etc., nous permettront de développer et d'élargir la propagande des idées du léninisme en Angleterre et dans les colonies.

La lutte armée doit être précédée par une lutte contre les tendances aux compromis qui sont enracinées parmi la majorité des ouvriers britanniques, contre les idées d'évolution et de suppression pacifique du capitalisme. C'est alors seulement qu'il sera possible de compter sur le succès complet d'une insurrection armée. En Irlande et dans les colonies, le cas est différent : il y a là une question nationale et cela représente pour nous un facteur de succès trop grand pour perdre du temps à une préparation prolongée de la classe ouvrière.

Mais, même en Angleterre, comme dans les autres pays où les ouvriers sont développés politiquement, les événements eux-mêmes peuvent révolutionner les masses ouvrières plus rapidement que la propagande. Par exemple, les mouvements grévistes, les répressions par le gouvernement, etc.

Il résulte de votre dernier rapport que votre œuvre d'agitation et de propagande est faible dans l'armée et un peu meilleure dans la flotte. Ce que vous dites sur la qualité des membres qui compenserait la quantité est juste en principe. Néanmoins, il serait désirable d'avoir des « cellules » dans toutes les unités militaires, particulièrement dans celles qui sont casernées dans les agglomérations du pays, dans les usines de munitions et dans les magasins militaires. Nous vous prions d'exercer sur ces derniers une attention toute spéciale.

En cas de danger de guerre, avec l'aide de l'armée et en contact avec les ouvriers des transports, il est possible de paralyser toutes les préparations militaires de la bourgeoisie, et de transformer la guerre impérialiste en guerre civile. Maintenant plus que jamais nous devons veiller. Les tentatives d'intervention en Chine prouvent que l'impérialisme mondial est toujours plein de vigueur, s'efforce une fois de plus de rétablir sa situation ébranlée et de provoquer une nouvelle guerre qui a pour but final de vaincre le prolétariat russe, d'écraser la révolution mondiale qui approche, et d'asservir les peuples coloniaux. « Danger de guerre », « la bourgeoisie veut la guerre », « le capital veut de nouveaux marchés », tels sont les mots d'ordre que vous devez rendre familiers aux masses, et avec lesquels vous devez travailler les masses du prolétariat. Ces mots d'ordre vous ouvriront les portes de l'entendement des masses, ils vous aideront à les attirer et à les enrôler sous la bannière du communisme.

La section militaire du Parti communiste britannique, si nous sommes bien informés, manque de spécialistes, les futurs commandants de l'armée « rouge » britannique. Il est temps que vous songiez à former un tel groupe qui, d'accord avec les leaders, pourrait en cas de lutte déclarée devenir le cerveau de l'organisation militaire du Parti.

Parcourez attentivement les listes des « cellules » militaires, et tirez-en les hommes les plus énergiques et les plus capables. Songez aux spécialistes militaires les plus doués qui ont pour une raison ou une autre quitté le service et qui ont des opinions socialistes. Attirez-les vers le Parti communiste s'ils

(1) Le Comité exécutif de l'Internationale communiste.

désirent servir honnêtement le prolétariat et diriger à l'avenir non des forces mécaniques aveugles au service de la bourgeoisie, mais une armée nationale.

Formez un état-major des opérations de la section militaire. Ne remettez pas cette tâche à un moment chargé d'événements et qui vous prendra à l'improviste.

Avec nos vœux de succès pour votre organisation et votre lutte, avec nos salutations communistes.

Signé : *Le Président du Bureau du I. K. K. I.* : Zinoviev.

Le membre du Bureau : Mac Manus.

Les Secrétaires : Kuusinen, Reumert.

II. - L'Echange de notes diplomatiques.

Lettre du Foreign Office à Rakovsky.

Foreign Office, le 24 octobre 1924.

J'ai l'honneur d'appeler votre attention sur la copie ci-jointe d'une lettre reçue par le Comité central du Parti communiste britannique, du président du Comité exécutif de l'Internationale communiste, revêtue de la signature de M. Zinoviev, son président, et datée du 15 septembre. La lettre contient des instructions aux sujets britanniques, les invitant à travailler au renversement par la force des institutions existantes de ce pays et à la subversion des forces armées de Sa Majesté.

Il est de mon devoir de vous informer que le gouvernement de Sa Majesté ne peut autoriser cette propagande et qu'il doit la considérer comme une intervention du dehors dans les affaires intérieures britanniques.

Aucune des personnes au courant de la constitution et des relations de l'Internationale communiste ne concevra le moindre doute sur ses rapports étroits avec le gouvernement soviétique. Aucun gouvernement ne tolèrera un arrangement avec un gouvernement étranger, arrangement aux termes duquel ce dernier est en relations diplomatiques d'une nature correcte avec lui, tandis que, d'autre part, une organisation de propagande rattachée organiquement à ce gouvernement étranger encourage et même donne des ordres aux citoyens de ce premier gouvernement en vue de comploter contre lui et d'organiser des révolutions pour le renverser.

Une telle attitude est non seulement un grave manquement aux règles internationales, mais une violation des engagements spécifiques et solennels pris envers le gouvernement de Sa Majesté.

A une date aussi récente que le 4 juin de l'année dernière, le gouvernement des Soviets a pris l'engagement solennel suivant envers le gouvernement de Sa Majesté :

> *« Le gouvernement des Soviets s'engage à ne pas donner son appui, soit au moyen d'argent, soit sous toute autre forme, aux individus, aux organisations ou institutions dont le but est de provoquer le mécontentement ou de fomenter la rébellion dans une partie quelconque de l'empire britannique... Et il s'engage également à insister auprès de ses fonctionnaires sur la nécessité de l'observation pleine et continue de ces engagements. »*

En outre, dans le traité que le gouvernement de Sa Majesté a récemment conclu avec votre gouvernement, une nouvelle clause prévoit l'exécution fidèle d'un accord analogue.

Le gouvernement de Sa Majesté entend que ces accords soient observés dans leur lettre et dans leur esprit, et il ne peut accepter que tandis que le gouvernement des Soviets assume des obligations, des organisations politiques aussi puissantes que lui-même soient autorisées à entreprendre une propagande et à la doter de moyens financiers, ce qui est un manquement flagrant à l'engagement officiel.

Le gouvernement des Soviets a ou non le pouvoir de conclure de tels accords. S'il en a le pouvoir, il est de son devoir d'en assurer l'exécution et de faire en sorte que l'autre partie ne soit pas lésée. S'il n'en a pas le pouvoir et si des responsabilités qui, dans d'autres pays, appartiennent à l'Etat sont, en Russie, entre les mains d'organisations privées et irresponsables, le gouvernement des Soviets ne devrait pas conclure des accords qu'il sait ne pouvoir exécuter.

Je vous serais obligé d'avoir la bonté de me faire tenir sans retard les observations de votre gouvernement à ce sujet.

J'ai l'honneur, etc.

En l'absence du secrétaire d'Etat,

Signé : J. D. Gregory.

Réponse de Rakovsky.

Londres, 25 octobre 1924.

J'ai reçu la note du ministère des Affaires étrangères du 24 octobre, signée Gregory, et j'ai l'honneur de répondre de la manière suivante :

1° L'an passé, après le règlement du conflit diplomatique qui avait eu lieu entre le représentant du gouvernement de l'Union des Soviets à Londres et le ministère des Affaires étrangères, il a été convenu qu'en vue de renforcer les relations amicales entre les deux pays, les deux parties s'efforceraient de régler tous les incidents qui pourraient survenir par le moyen de pourparlers directs, et de ne recourir à un échange de notes qu'au cas où cette méthode amicale ne pourrait aboutir à des résultats favorables.

Après mon arrivée à Londres, le ministère des Affaires étrangères m'a confirmé, à moi personnellement, qu'à l'avenir nous nous en tiendrions à cette pratique efficace pour écarter les malentendus et prévenir les conflits éventuels. Grâce à l'observance de cette règle nous avons pu liquider amicalement quelques incidents sensibles pour les deux pays. Comme exemple, je citerai le fait que mon gouvernement n'a pas protesté publiquement et n'a pas créé de conflit à propos d'un incident très grave qui concernait les intérêts les plus vitaux de l'Union; incident résultant de la déclaration du représentant du gouvernement britannique, le professeur Gilbert Murray, à l'assemblée de la S. d. N., laquelle déclaration se trouvait en contradiction avec nos accords de l'an passé et avec les clauses des nouveaux traités du 8 août concernant la non-intervention dans nos affaires intérieures, et qui désavouait nettement la note du gouvernement britannique sur la reconnaissance de l'Union des Soviets.

2° A mon grand regret, la note que j'ai reçue hier soir et dans laquelle le ministère des Affaires étrangères formule des accusations sans aucun fondement contre le gouvernement des Soviets au moment où l'opinion publique britannique s'intéresse à fond à l'accord anglo-soviétique et aux futures relations entre la Grande-Bretagne et l'Union des Soviets, cette note est un rejet inattendu de la méthode dont nous avions mutuellement convenu;

3° Pour ce qui est de la question soulevée dans la note Gregory, je déclare de la façon la plus catégorique que le document qui y est annexé est un faux grossier et une tentative impudente pour empêcher le développement des relations amicales entre les deux pays. Si, au lieu de renoncer à la tactique convenue, le ministère des Affaires étrangères s'était d'abord adressé à moi pour obtenir des explications, il m'aurait été facile de lui prouver qu'il avait été victime d'un faux de la part des ennemis de l'Union des Soviets. Non seulement le contenu, mais aussi l'en-tête et la signature du document prouvent qu'il est l'œuvre de personnes mal intentionnées qui ne connaissent pas à fond l'organisation de l'Internationale Communiste. Dans les circulaires de l'Internationale Communiste (que l'on peut trouver dans la presse, si elles ne concernent pas son activité secrète), celle-ci n'est jamais appelée « IIIe Internationale communiste » pour cette simple raison qu'il n'a jamais existé ni de Ire, ni de IIe Internationale communiste. La signature est également un faux grossier. Zinoviev y est donné comme ayant signé en qualité de « président du Bureau du Comité Exécutif de l'Internationale communiste », alors qu'en réalité il est et signe officiellement « président du Comité Exécutif ». En général, le contenu entier du document n'est, du point de vue communiste, qu'un tissu d'absurdités, calculées seulement pour exciter l'opinion publique britannique contre l'Union des Soviets et pour annuler les efforts faits par les deux pays pour établir des relations amicales durables.

4° La fausseté évidente de ce document me dispense de la nécessité de répondre aux conclusions qu'en a tirées le ministère des Affaires étrangères au sujet de la responsabilité du gouvernement des Soviets pour l'activité de l'Internationale communiste, vu que ces conclusions sont basées sur l'hypothèse de l'authenticité du document.

5° Je proteste catégoriquement contre une telle exploitation de documents falsifiés contre l'Union des Soviets, et également contre la violation de la méthode convenue entre nous relativement à tous les incidents éventuels entre nos deux pays.

En même temps, j'exprime l'espérance que le gouvernement britannique prendra les mesures nécessaires pour découvrir les auteurs de cette tentative malveillante de nature à créer un conflit entre les deux gouvernements. Une telle enquête permettra d'empêcher le renouvellement d'incidents analogues à l'avenir.

Signé : RAKOVSKY.

Télégramme de Litvinov à Rakovsky.

Moscou, le 26 octobre 1924.

En réponse à la note de M. Gregory, nous vous proposons de déclarer ce qui suit sur le gouvernement des Soviets :

« Tout en maintenant nos déclarations répétées que les Soviets ne sont pas responsables de tels ou tels actes de l'Internationale communiste, et tout en nous abstenant pour le moment de commenter la forme et le ton de la note de M. Gregory, le gouvernement des Soviets peut et se hâte de déclarer que la prétendue lettre de l'Internationale communiste qui sert de base à la note susdite a indubitablement été reconnue comme un faux impudent visant à la destruction du traité anglo-soviétique et à la ruine de toutes les relations amicales entre le gouvernement des Soviets et la Grande-Bretagne, alors qu'elles semblaient être sur le point de s'améliorer. Vu l'emploi qui a été fait de ce faux dans un document officiel, le gouvernement des Soviets insistera pour réclamer des excuses adéquates et le châtiment des personnes, privées et officielles, qui ont participé à ce faux. »

Pour écarter tous les doutes sur la non-authenticité du document, et ayant en vue les sérieuses conséquences que ce faux pourrait avoir pour les deux pays, le gouvernement soviétique propose instamment et catégoriquement de soumettre à un arbitrage impartial l'établissement de ce fait que la soi-disant lettre de l'Internationale communiste du 15 septembre est une falsification.

26 octobre. N° 266.

Signé : LITVINOV.

Lettre de Rakowsky (3 novembre 1925).

Cher monsieur le premier ministre,

Après la publication, dans la presse, de la fausse lettre de Zinoviev, j'ai reçu une lettre dont je vous adresse la copie, émanant d'une personne qui propose de me communiquer quelques renseignements ayant trait aux rapports entre la Grande-Bretagne et l'U. R. S. S.

Conformément à mes instructions, M. Bitner, premier secrétaire de l'Ambassade, eut un rendez-vous avec la personne en question, qui lui remit quelques documents confirmant que des personnes, désirant provoquer un conflit entre la Grande-Bretagne et l'U. R. S. S., s'emploient à la fabrication de faux documents.

Les déclarations faites d'abord verbalement par ladite personne ont été confirmées dans une déclaration écrite dont je vous adresse la copie.

Je joins également à la présente quelques copies des autres déclarations se trouvant en la possession de cette personne.

Je ne doute pas que la présente communication, dont l'importance est évidente, ne soit l'objet de toute l'attention qui lui est due.

Veuillez agréer..., etc...

RAKOVSKY.

Note de M. Austen Chamberlain à Rakovsky.

Londres, le 21 novembre 1924.

1° J'ai pris connaissance de votre réponse du 25 octobre à la note que mon prédécesseur vous a adressée au sujet des agissements de l'Internationale communiste dans ce pays;

2° Dans le troisième alinéa de cette réponse, vous vous êtes aventuré à déclarer, en vous basant apparemment sur des témoignages recueillis dans votre entourage et sans prendre le temps d'en référer à Moscou, que la lettre de M. Zinoviev, qui a provoqué les représentations adressées par M. Mac Donald, était un faux grossier. Pour étayer cette assertion, vous prétendez que l'Internationale communiste n'est jamais désignée, dans ses propres circulaires, sous le nom de « Troisième Internationale communiste », que M. Zinoviev ne signe jamais comme « président du Bureau du Comité exécutif de l'Internationale communiste », mais toujours comme « président du Comité exécutif », et que l'ensemble du document constitue, du point de vue communiste, un tissu d'absurdités;

3° Le gouvernement de Sa Majesté ne peut accepter ces assertions qui sont en contradiction formelle avec les publications officielles et les extraits de la presse quotidienne de l'Union;

4° Mais il est inutile d'entrer dans les détails, car les renseignements que possède le gouvernement de Sa Majesté lui permettent de ne concevoir aucun doute sur l'authenticité de la lettre de M. Zinoviev et, en conséquence, le gouvernement de Sa Majesté n'est pas disposé à entreprendre une discussion à ce sujet;

5° Je dois, au surplus, faire observer que vous vous méprenez complètement sur le caractère des représentations qui vous ont été adressées par mon prédécesseur, si vous supposez qu'elles avaient trait uniquement à la lettre de M. Zinoviev. Les agissements dont se plaint le gouvernement de Sa Majesté ne se bornent pas à une lettre isolée, mais, bien au contraire, elles ont trait à l'ensemble de la propagande révolutionnaire dont cette lettre est un excellent spécimen, propagande qui s'exerce parfois en secret et parfois aussi, comme vous le faites remarquer, se fait au grand jour. Les déclarations de M. Zinoviev ont été répandues dans le monde entier et constituent en elles-mêmes une preuve suffisante de la propagande à laquelle, à la connaissance et avec le consentement du gouvernement des Soviets, se livre perpétuellement la troisième Internationale, et c'est ce système qui, aux yeux du gouvernement de Sa Majesté, est incompatible avec les engagements formellement pris par votre gouvernement;

6° Dans sa note du 24 octobre, M. Ramsay Mac Donald observe « qu'aucune des personnes au courant de la constitution et des relations de l'Internationale communiste ne concevra le moindre doute sur ses rapports étroits avec le gouvernement soviétique ». Il observait, au surplus, « qu'aucun gouvernement ne tolérera un arrangement avec un gouvernement étranger, arrangement aux termes duquel ce dernier est en relations diplomatiques d'une nature correcte avec lui tandis que, d'autre part, une organisation de propagande rattachée organiquement à ce gouvernement étranger encourage et même donne des ordres aux citoyens de ce premier gouvernement en vue de comploter contre lui et d'organiser des révolutions pour le renverser ». Rien de plus vrai, et le gouvernement des Soviets ferait bien de peser soigneusement les conséquences qui pourraient résulter du fait de ne pas tenir compte de cette déclaration.

Signé : Austen Chamberlain.

Lettre de M. Gregory à Rakosky.

Londres, le 21 novembre 1924.

Cher monsieur Rakovsky,

J'ai soumis au secrétaire d'Etat votre lettre du 8 novembre portant l'indication C. R. 8553.

M. Chamberlain me charge de vous répondre qu'il a fait effectuer des recherches dans les minutes laissées au Foreign Office par son prédécesseur et que votre note du 27 octobre au sujet de la dépêche de M. Zinoviev au Comité central de Grande-Bretagne ne figurait pas parmi ces minutes. M. Chamberlain connaît, bien entendu, la substance de cette note, qui a été publiée à Moscou, mais il n'a nullement l'intention de revenir sur la décision qui vous a été communiquée par M. Mac Donald et qui est enregistrée dans les archives du ministère, à savoir que le gouvernement ne peut consentir à recevoir la note en question.

Signé : J. D. GREGORY.

Notes de Rakovsky au Foreign Office.

Londres, le 28 novembre 1924.

I

J'ai reçu et fait connaître à mon gouvernement votre note du 21 novembre contenant votre refus de maintenir le traité général et le traité de commerce signés le 8 août par MM. Mac Donald et Ponsonby. Le gouvernement soviétique regrette le rejet de ces traités dont la conclusion contribuait grandement au raffermissement de la paix générale et en particulier au développement des relations amicales entre le peuple anglais et l'Union des Républiques soviétiques. Je suis chargé de déclarer que, de son côté, le gouvernement soviétique fit preuve du maximum de bonne volonté et d'un grand esprit de conciliation pour élaborer les bases d'un accord sur les problèmes intéressant particulièrement le gouvernement britannique, les classes laborieuses et les autres éléments de la population en Grande-Bretagne. Aussi, mon gouvernement n'accepte pas la responsabilité du mécontentement que la décision du gouvernement britannique provoquera dans les deux pays.

Signé : RAKOVSKY.

II

Mon gouvernement me charge de vous rappeler les faits suivants :

La cause immédiate du présent échange de notes est la note de M. Gregory, datée du 24 octobre et remise quatre jours avant les élections anglaises, note qui se rapportait au prétendu message adressé par M. Zinoviev au Comité exécutif du Parti communiste britannique.

Immédiatement après avoir reçu cette note, je fis savoir à M. Mac Donald, par écrit, ma conviction absolue de la fausseté du message attribué à M. Zinoviev, puis, par note, le 27 octobre, j'informai M. Mac Donald qu'après une minutieuse enquête à Moscou, le gouvernement soviétique me chargeait de déclarer catégoriquement que le prétendu message de M. Zinoviev constituait un faux pur et simple.

Étant donnée l'énorme importance attachée par l'opinion publique anglaise à ce document et en vue de supprimer les derniers doutes et d'arriver à établir la vérité, le gouvernement soviétique proposa de soumettre le document en question à l'examen impartial d'une commission arbitrale, mais cette proposition resta plusieurs semaines sans réponse. Cependant, plusieurs membres du gouvernement britannique exprimaient publiquement leur doute sur l'authenticité du document. Plusieurs même, parlant entre eux, déclaraient être certains qu'il s'agissait d'une falsification. Tenant compte de ces doutes, le gouvernement britannique estima bon, après la campagne électorale, de nommer une commission pour étudier le caractère et la provenance du document. Cette commission comprenait plusieurs membres du gouvernement travailliste, notamment M. Mac Donald. Elle établit et déclara publiquement, le 4 novembre, que ni le gouvernement ni aucun organe gouvernemental anglais n'avaient jamais vu l'original du document.

Ces étranges circonstances expliquent pourquoi l'opinion publique du monde entier voit dans le prétendu message de M. Zinoviev une falsification.

La déclaration officielle de la commission constituée par le gouvernement de M. Mac Donald prive de tout fondement l'accusation formulée dans la note de M. Gregory contre le gouvernement des Soviets, et cela, en pleine campagne électorale. Le gouvernement des Soviets étant donc tenté d'y voir l'abandon de l'accusation formulée contre M. Zinoviev. Si on se conforme aux règles les plus élémentaires de toute juridiction, il est inadmissible de fonder une accusation sur des copies d'un document qu'aucun des accusateurs n'a pu voir.

Il n'est pas superflu d'ajouter que la délégation de la « Trades Union », après avoir effectué à Moscou une minutieuse enquête, a adopté, à l'unanimité, la conclusion suivante : *« Les délégués de la « Trades Union » sont absolument convaincus que le document attribué à M. Zinoviev constitue un faux et qu'aucune preuve contraire ne peut être fournie, ce qui explique le rejet de la proposition d'arbitrage ».*

Tous les faits énumérés ci-dessus ont déterminé le gouvernement des Soviets à exprimer sa profonde surprise en ce qui concerne l'ignorance dans laquelle se cantonne le gouvernement anglais actuel, qui, contrairement à une décision de son prédécesseur, se refuse à faire vérifier avec impartialité l'authenticité du document.

Le gouvernement soviétique se voit dans l'impossibilité d'accepter cette conclusion, puisqu'il s'agit d'un document ne reposant sur aucune preuve. Le gouvernement des Soviets est d'autant plus fondé dans cette attitude que, maintes fois déjà, des accusations ont été formulées contre lui, et que chaque fois il fut prouvé par la suite qu'elles étaient l'œuvre de faussaires qui furent confondus. Le gouvernement des Soviets estime que la preuve est maintenant établie qu'il existe, dans de nombreuses villes d'Europe et d'Amérique, des organisations dirigées par des réactionnaires russes émigrés, et auxquelles adhèrent d'autres éléments sans aveu. Le but poursuivi par ces organisations est la fabrication de faux documents, en vue d'ébranler la situation internationale de l'Union des Républiques socialistes soviétiques.

Tout dernièrement encore, je fis parvenir au ministère des Affaires étrangères des documents prouvant l'existence, sur le territoire anglais, d'organisations politiques fabriquant et répandant de faux documents sur l'U.R.S.S.

Au nom du gouvernement soviétique, je dois exprimer le profond regret de voir le gouvernement anglais fonder sur des documents douteux des démarches politiques dont dépendent les relations ultérieures de l'U.R.S.S. avec l'Angleterre. Il ressort de cette attitude que les rapports des deux États se trouvent aujourd'hui reposer sur un terrain instable et placés sous l'influence de tierces personnes mal intentionnées appartenant à des organisations politiques dont le seul but est la poursuite de leurs propres intérêts.

Le gouvernement des Soviets estime que la déclaration de la commission gouvernementale britannique du 4 novembre proclamant l'absence du document auquel M. Gregory se réfère dans sa note du 24 octobre, constitue un démenti formel à l'accusation formulée par M. Gregory.

Le gouvernement des Soviets veut espérer que le gouvernement britannique sera, dorénavant, plus prudent dans ses accusations et examinera minutieusement les faits dont il fera mention dans sa correspondance officielle. Toutefois, étant donné que le gouvernement anglais actuel affecte d'ignorer les déclarations faites par la commission gouvernementale anglaise refusant de donner suite à des accusations fondées sur un document falsifié, le gouvernement des Soviets se voit forcé, de son côté, de renouveler, comme seul moyen restant en son pouvoir, sa proposition d'arbitrage exposée dans sa note du 27 octobre, note qui, malheureusement, s'est « égarée », lors du changement de cabinet, mais dont la teneur, ainsi que l'a assuré M. Gregory, vous est connue.

Le gouvernement britannique doit se rendre compte que le rejet de l'arbitrage proposé ne peut être interprété par l'opinion publique de tous les pays que comme la preuve de l'impossibilité dans laquelle il se trouve de confirmer l'accusation formulée contre les soviets, au cours de la campagne électorale. Le gouvernement soviétique regrette, en outre, que le gouvernement britannique, après s'être dérobé dans sa note du 21 novembre au sujet de l'arbitrage proposé, estime devoir renouveler de vagues accusations contre le gouvernement des Soviets au sujet de l'activité de l'Internationale communiste. En ce qui concerne ces accusations, le gouvernement soviétique me charge de répéter ses précédentes déclarations maintes fois réitérées au sujet de l'indépendance organique et politique absolue de l' « Internationale communiste », par rapport au gouvernement. Le gouvernement des Soviets n'a jamais pris ni ne pourra jamais prendre l'engagement de refuser le droit d'asile à l' « Internationale communiste » ou aux autres organisations ouvrières. Il ne pourra pas non plus s'engager à faire pression sur ces organisations.

Estimant inutile et stérile la continuation d'une discussion au sujet des organisations ouvrières internationales, le gouvernement des Soviets me charge d'affirmer sa loyauté en ce qui concerne l'observation, sur la base de la réciprocité, des obligations assumées par lui.

Signé : RAKOVSKY.

Lettre de Rakowsky à Chamberlain.

C.R. 926 — 21 décembre 1924.

Monsieur,

A la séance de la Chambre des Communes, du 10 décembre le *Home Secretary* a déclaré que les preuves de l'authenticité de la lettre dite Zinoviev ne pouvaient être rendues publiques, en considération de la sécurité de la personne qui avait procuré le document au gouvernement britannique.

Dans l'intérêt de la vérité et désirant favoriser les recherches dans cette affaire qui a joué un rôle si important dans les relations entre la Grande-Bretagne et le gouvernement des Soviets, je suis chargé par M. Tchitchérine, commissaire du peuple aux Affaires étrangères, de déclarer que le gouvernement soviétique est prêt à assurer le départ sans difficulté de ladite personne hors du territoire soviétique.

J'ai l'honneur d'être, Monsieur, votre obéissant serviteur.

RAKOVSKY.

Réponse de Chamberlain.

Copie de la lettre n° 10001 — Foreign Office, 24 décembre 1924.

Monsieur,

J'ai reçu votre note n° C.R. 926, dans laquelle vous revenez sur la lettre adressée par M. Zinoviev au Parti Communiste de ce pays, le 15 septembre dernier.

Le gouvernement de Sa Majesté n'a rien à ajouter à la note qui vous a été adressée le 21 novembre, dans laquelle la question a été entièrement réglée.

J'ai l'honneur d'être, avec ma haute considération, votre obéissant serviteur.

AUSTEN CHAMBERLAIN.

Réplique de Rakovsky.

C.R. 12 — 2 janvier 1925.

Monsieur,

En réponse à votre communication de décembre 1924, je suis chargé, par mon gouvernement, de déclarer que le gouvernement britannique, en refusant d'accepter l'offre du gouvernement soviétique, de soumettre à l'arbitrage la question de l'origine de la fausse lettre Zinoviev, a confirmé par là qu'il se trouve incapable de prouver l'accusation concernant cette lettre.

En conséquence, le gouvernement de l'Union Soviétique considère la correspondance sur ce sujet comme close.

J'ai l'honneur d'être, avec ma haute considération, Monsieur, votre obéissant serviteur.

C. RAKOVSKY.

III. - Une intervention de Zinoviev.

Télégramme de Zinoviev au Conseil général des Trade-Unions.

Le 26 octobre 1924, Zinoviev adressa de Moscou au Conseil général du Trades Union Congress, *le télégramme suivant :*

Moscou, le 26 octobre 1924.

La soi-disant lettre d'un soi-disant président du Comité exécutif de l'Internationale communiste, en date du 15 septembre, et que j'aurais, allègue-t-on, signée, est, bien entendu, un faux grossier. Il n'existe pas, et il ne pourrait avoir existé une lettre de cette nature. La falsification est si grossière que qui que ce soit, fût-ce même un fonctionnaire pas très cultivé du ministère des Affaires étrangères britannique, n'aurait pas dû manquer de le voir. Il semble que quelqu'un en Angleterre envie les lauriers de M. Hughes. Il est absolument clair qu'il s'agit, dans le cas actuel, d'une manœuvre électorale trop évidente. Nous avons proposé en son temps à M. Hughes un arbitrage pour établir la fausseté d'un document qu'il avait invoqué; mais M. Hughes a décliné cette offre, de crainte que le faux ne fût révélé.

Nous sommes prêts à offrir au ministère des Affaires étrangères plus que cela même. Nous sommes prêts à permettre au conseil général de la « Trades Union », par l'entremise d'une commission spéciale ou par l'entremise d'une délégation du conseil national de la « Trades Union » nommée à cet effet, de venir en Russie pour faire immédiatement une enquête concernant l'authenticité du soi-disant document. Nous accepterons comme finale la décision de cette commission ou délégation.

Le 26 octobre 1924. N° 168.

ZINOVIEV.

Une interview.

Dans une interview accordée aux représentants de la presse étrangère, le 27 octobre, à Moscou, Zinoviev démontra que la « lettre Zinoviev » était un faux et rappela qu'un incident analogue s'était produit en Amérique avec un autre faux document publié par Hughes.

La lettre qui m'est incriminée, datée du 15 septembre 1924, est fausse d'un bout à l'autre.

Voyons tout d'abord l'en-tête que porte ce document : L'organisation que je préside ne s'est jamais appelée « Comité Exécutif de la IIIe Internationale Communiste ». Sa dénomination officielle est « Comité Exécutif de l'Internationale Communiste ». De même, la qualification de « président du Présidium » qui précède la signature est incorrecte; ce terme n'est jamais employé. En outre, le faussaire a mal choisi sa date : le 15 septembre, j'étais encore à Kislovodsk où je faisais une cure, et je ne pouvais, par conséquent, signer les lettres officielles.

Tout cela d'ailleurs n'est que bagatelles. Le truquage apparaît surtout évident si l'on passe au contenu de la lettre.

« Il est temps que vous songiez à former un groupe de spécialistes qui, « d'accord avec les leaders, pourrait, en cas de lutte déclarée, devenir le cer- « veau de l'organisation militaire du Parti... Parcourez les listes des cellules « militaires et tirez-en les hommes les plus énergiques... Songez aux spécia- « listes militaires les plus doués... Attirez-les vers le Parti communiste, s'ils « désirent servir honnêtement le prolétariat... Formez un état-major de la sec- « tion militaire... »

On prétend que l'Exécutif de l'Internationale Communiste a écrit ce galimatias au Comité central du Parti communiste de Grande-Bretagne.

Cela ne tient pas debout.

En effet, aucune section militaire n'existe à l'heure actuelle au sein du Parti communiste de Grande-Bretagne. Il est donc clair que celui-ci ne peut s'occuper pour le moment de recruter « les spécialistes militaires les plus doués »; il a des tâches plus urgentes à accomplir, à savoir : intensifier la propagande des idées marxistes en vue de gagner la majorité des travailleurs britanniques et de les attirer dans les cadres du Parti.

« La section militaire du Parti communiste, si nous sommes bien informés, manque de spécialistes, les futurs chefs de l'armée rouge britannique » —, voici encore un extrait de la fausse lettre qui en dit long.

Il n'est pas difficile de comprendre que les communistes britanniques ont autre chose à faire que de penser à la formation de « l'armée rouge britannique ». En effet, le Parti communiste de Grande-Bretagne, s'appuyant sur les « minorités » des trade-unions, s'efforce, par la propagande, de faire connaître les idées de l'Internationale Communiste aux masses ouvrières. Il est certain qu'il accomplit cette œuvre avec un succès toujours croissant, car autrement la bourgeoisie n'aurait plus besoin d'avoir recours à des faux pour le combattre.

Quel est donc le véritable sens de toute cette histoire? Quel est le principal coupable de cette affaire de faux?

Il paraît qu'un rôle de tout premier ordre a été joué dans cette aventure par le *Daily Mail* et nous avons jugé devoir le faire publier. Nous avons fait parvenir hier dans la journée les copies de cette lettre à d'autres journaux; un peu plus tard, le ministère des Affaires étrangères a décidé de faire publier ce document.

La responsabilité du *Daily Mail* ressort donc très clairement.

Voyez, d'autre part, comment fut choisi le moment. La divulgation de la prétendue lettre de l'Exécutif de l'Internationale Communiste a eu lieu de façon à ne pas nous permettre de faire parvenir à temps notre réponse, car on était à deux jours de la date fixée pour les élections.

Il n'est pas trop difficile de comprendre les raisons qui poussèrent les chefs du Bloc des libéraux et des conservateurs, à cette falsification. Leur calcul était simple : ils espéraient créer, à la veille des élections, une confusion parmi les électeurs partisans du traité anglo-soviétique.

Par contre, il est bien moins facile de comprendre les raisons pour lesquelles le Foreign Office, dirigé jusqu'alors par Mac Donald, le Premier Ministre, jugea possible de produire un faux si grossier.

De notre côté, nous avons proposé de charger les trade-unions d'une enquête au sujet de la fausse lettre, en mettant à la disposition de la commission nommée par le Conseil général des trade-unions, tous les matériaux dont elle pourrait avoir besoin et en acceptant d'avance, sans discuter, toute décision pouvant être prise par la commission.

Nous espérons ainsi pouvoir prouver aux travailleurs britanniques et à tout le public, sans parti pris, que nous n'avons rien à craindre de l'enquête qui sera faite au sujet de cette affaire et que le document qui nous est attribué est faux.

Aujourd'hui même nous avons reçu des renseignements provenant de source assez sérieuse et selon lesquels le faux proviendrait de Pologne. Il paraît qu'un groupe d'hommes entreprenants, opérant probablement de concert avec la police secrète polonaise, s'est formé en Pologne dans le but de fournir aux gouvernements intéressés des documents de ce genre.

Voici une chose qui paraît vraiment étrange. Il suffit qu'un quelconque homme politique bourgeois d'Europe ou d'Amérique, — comme Hughes, par exemple, — soit aux prises avec certaines difficultés, pour qu'il trouve immédiatement à sa disposition une « lettre » émanant du Comité Exécutif de l'Internationale Communiste, lettre portant notre signature et permettant à l'homme politique en question de se tirer d'affaire. La « lettre » est publiée, et la presse de certaine tendance exploite aussitôt à grand bruit la trouvaille.

On dirait que c'est la fonction du Comité Exécutif de l'Internationale que d'écrire des lettres pouvant être exploitées par les politiciens du genre de Hughes et de Curzon.

Et le plus surprenant, c'est que ces « lettres » tombent entre les mains du ministre bourgeois juste au moment où il en a besoin pour une campagne soit contre la classe ouvrière de « son » pays, soit contre le gouvernement des Soviets.

Le moment des élections approche en Allemagne. Ces élections pourraient bien être dénommées « élections de forçats », car le gouvernement allemand, par complaisance pour les social-démocrates, a emprisonné ou envoyé au bagne presque tout l'état-major du Parti communiste et des milliers d'ouvriers d'élite, sympathisant avec les communistes. Nous ne serions nullement étonnés que, deux jours avant le scrutin, il se trouvât en Allemagne un journal réactionnaire ou un ministre bourgeois qui reçoive très à propos une lettre de l'Exécutif de l'Internationale Communiste, rédigée dans le sens nécessaire aux ennemis du communisme.

Cependant, cette arme s'émousse à l'usage. Nous sommes certains qu'en se servant trop souvent de fausses lettres du Comité exécutif de l'Internationale communiste, les hommes politiques d'Europe et d'Amérique arriveront à ne plus pouvoir employer cette arme qui deviendra sans effet.

Moscou, le 27 octobre 1924.

IV. - A la Chambre des Communes.

A la Chambre des Communes.
(Octobre-Décembre 1924.)

Les débats de la Chambre des Communes à propos de la « lettre rouge » sont des plus intéressants. Mac Donald, responsable pourtant, par son attitude équivoque du début, de la tournure qu'a prise l'affaire, interpelle le gouvernement à la Chambre des Communes et exprime la certitude que la lettre est un faux.

Le gouvernement, par l'organe du Ministre de l'Intérieur (Joynson Hicks) et du Ministre des Affaires étrangères (Chamberlain), affirme qu'elle est authentique; mais, à toutes les demandes qui lui sont faites de produire l'original de la lettre, il est obligé de reconnaître n'avoir en sa possession qu'une simple copie écrite à la machine.

Il ressort clairement des débats que Chamberlain sait mieux que personne à quoi s'en tenir sur la réalité des faits.

SÉANCE DU 9 DÉCEMBRE

Intervention de Mac Donald.

MAC DONALD. — Des procédés de toute sorte ont été utilisés (par nos adversaires) pour obtenir la majorité. Quel est le résultat? Voici un pays de barbares, un pays que l'électeur britannique ne se représente pas autrement que souillé de sang... Toute cette campagne s'est poursuivie pendant plusieurs semaines et s'est terminée par la lettre de Zinoviev. Et comme résultat final, le roi dit dans son discours : « Je désire qu'entre moi et ce pays ensanglanté, « les relations ne soient pas rompues. »

UNE VOIX. — Avec le pays, mais pas avec le gouvernement.

MAC DONALD. — Je voudrais demander aux honorables membres du gouvernement, s'ils faisaient cette distinction pendant les élections? (*Cris : Oui! Non!...*) Je n'avais pas alors la possibilité d'entendre faire ces démarcations verbales, et ici c'est déjà trop tard. Les honorables membres sont déjà récompensés et ont maintenant toute licence de faire des distinctions. Après toutes leurs attaques, après avoir utilisé de pareils procédés, ils déclarent : « Nous croyons si peu à tout ce que nous avons dit, que nous ne trouvons pas nécessaire de l'appliquer. »

Comme résultat, la montagne a enfanté d'une souris : beaucoup d'indignation, peu de concessions.

Nous invoquerons la dernière phase de cette affaire, c'est-à-dire la lettre de Zinoviev, la semaine prochaine. En attendant, je demande qu'on réponde à quelques-unes de mes questions. Depuis que nous ne sommes plus au pouvoir, je vois, d'après les journaux, que le gouvernement a reçu des renseignements supplémentaires concernant cette lettre, renseignements ne provenant pas, à mon avis, de la police secrète. Peut-il nous les faire connaître? Je pense que malgré la riche moisson de suffrages qu'ils ont récoltée aux élections, ils (mes adversaires) seront d'accord pour affirmer que la situation actuelle est très peu satisfaisante et je les prie de me dire s'ils consentent à nommer une commission pour l'éclaircissement de cette affaire? (*Tumulte*). Je comprends très bien pourquoi les honorables membres ne veulent point d'une telle commission.

James Remnant (1). — Quels furent les résultats de votre enquête ?

Mac Donald. — Elle n'était pas terminée de notre temps. Depuis, on a reçu de nouveaux renseignements, et, vu l'importance énorme que les membres du parti conservateur et du gouvernement y attachent, on se demande s'ils n'ont pas peur de l'instruction ?... (*Cris : Non ! Non !*) Alors, pourquoi ne pas la faire ?... En outre, je voudrais obtenir quelques renseignements complémentaires quant au détail suivant : Il est très bizarre que la lettre en question n'étant pas la copie d'une autre lettre soit tombée à la fois entre les mains du Foreign Office et entre celles d'un journal. Il se pourrait que le journal l'ait reçue quelques jours avant l'Office.

J'ai toujours pensé que la lettre de Zinoviev, authentique ou non, avait été précédée par d'autres lettres.

Balfour. — Et par des discours aussi.

Mac Donald. — Oui, parfaitement, des discours et des manifestations. Je suis d'accord là-dessus et ce n'est pas nouveau. Mais cette lettre, pendant les élections, aurait dû être considérée comme un document gouvernemental; or, on s'en est servi en vue d'une manœuvre électorale regrettable. Voilà ce dont je me plains.

Sir William Mitchell. — C'est votre faute.

Mac Donald. — Il faut éclaircir le fait suivant : Un journal reçoit pour des buts politiques la copie exacte d'une lettre qui est venue entre les mains du Foreign Office comme document gouvernemental.

Le journal garde cette lettre pendant des jours et des jours. (*Une voix : Et des semaines peut-être ?... Vous-mêmes, pendant, combien de temps l'avez-vous gardée ?...*)

Mac Donald (*continuant*). — La lettre est gardée par le journal plusieurs jours, plusieurs semaines, peut-être. (*Une voix : Vous aussi vous l'avez gardée.*)

Mac Donald. — Non, pas moi.

Sir W. Mitchell. — C'est de votre faute.

Mac Donald. — Pendant que la lettre se trouvait à la rédaction du journal, celui-ci ne s'est jamais adressé au ministère pour demander si on s'en occupait, pas une seule fois. (*Une voix : Mais pourquoi faire ?*)

Mac Donald. — Naturellement, ce n'était pas la peine; on tâchait de la garder secrète (*Bruit*). Je supposais que cette question — peut-être l'ai-je fait par naïveté — (*Interruptions*)... Je répète, que par naïveté, peut-être, j'ai cru que cela se faisait pour le bien du pays. N'avais-je pas raison ?... Je croyais qu'un certain samedi matin et pendant tout le temps que durèrent les élections, l'existence d'une telle lettre ferait l'objet de la plus importante question à débattre, mais surtout qu'il fallait y réagir. Maintenant, honorables membres du Parlement, vous pouvez rire, si je vous dis, que cette lettre, gardée par un journal, utilisée pour des buts politiques, ne fut jamais l'objet d'une enquête de la part du gouvernement, mais qu'elle ne fut utilisée que pour jeter la panique dans le cerveau des vieilles filles.

Lady Astor. — Ah !...

Mac Donald. — Je n'ai pas visé le sexe faible en employant cette expression.

Si les honorables membres du parti conservateur sont fiers de leur campagne électorale, ils ne refuseront pas d'expliquer comment elle fut menée. Si cette lettre y a figuré, il paraît très suspect que la copie de la lettre — et non l'original, soit tombée entre les mains d'un journal avant de tomber entre celles du Foreign Office... Elle est gardée secrète et est divulguée au moment nécessaire pour créer une grande panique et obtenir la majorité des voix. Si les honorables membres ne désirent pas faire une enquête, c'est à nous d'insister. S'ils refusent, de nouvelles élections générales résoudront la question.

Intervention de Croft.

Sir H. Page Croft (2). — Je voudrais dire, en réponse au discours de l'ancien Président du Conseil (3) quelques mots sur la Russie. Il a répété à plusieurs reprises : « Fera-t-on, oui ou non, une enquête sur la lettre de Zino-

(1) Député conservateur de Holborn.
(2) Député conservateur de Bournemouth.
(3) Mac Donald.

viev? » Il l'a faite lui-même et je crois qu'il est arrivé à cette conclusion : « Inutile, plus rien à faire. »

Que vaudrait cette enquête pour déterminer si cette lettre est un faux?... La lettre de Zinoviev paraîtra bien inoffensive, si on la compare à ses déclarations faites en Russie, aux mois de juin et de juillet derniers et publiées par tous les journaux. Ce n'est pas la peine de faire les dépenses que nécessiterait une commission, à moins que cette lettre ne puisse nous prouver que Zinoviev a beaucoup changé et qu'il est devenu un révolutionnaire plus modéré qu'auparavant.

Le nouveau premier ministre ne doit consacrer son temps à cette question que si cela est absolument indispensable. Le leader de l'opposition se trompe beaucoup en pensant que le parti conservateur ou libéral est hostile au peuple russe. A l'égard de ce peuple, nous n'éprouvons que de la compassion. Nous sommes hostiles aux tyrans étrangers qui ont étouffé l'âme russe. Zinoviev et ses amis ont déclaré que toute leur politique, à partir du mois de juin dernier, aurait pour but l'anéantissement de l'Empire Britannique!...

Intervention de Morgan Jones.

Morgan Jones (1). — On a beaucoup parlé aujourd'hui de la lettre de Zinoviev. Je vais exprimer uniquement mon opinion à ce sujet et je serai sincère. Sommes-nous d'accord ou non sur le fait que le parti conservateur a utilisé la lettre Zinoviev pour ses propres buts politiques? Cette question ne se pose plus. Nous avons vu ce qu'on a fait de cette lettre. Nous savons qu'elle a été utilisée contre le Labour Party. Or, n'est-il pas juste qu'une enquête soit faite pour en établir l'authenticité? Je suis sûr que les membres conservateurs de la Chambre répondront : « Oui », mais lorsque nous avons demandé avec insistance une enquête sur l'affaire Campbell, vous avez refusé... Soit, je suis d'accord, mais les honorables membres du parti conservateur ont-ils l'intention de comparer l'importance de l'affaire Campbell à celle de Zinoviev? Campbell était presque inconnu et sa lettre avait paru dans un journal à faible tirage, tandis que la lettre de Zinoviev, par l'usage qu'on en a fait a une influence décisive sur le changement de la politique de notre pays et aurait pu également influer sur la politique du continent. (*Une voix* : Bêtises!) C'est une question litigieuse, mais d'une grande importance. Voilà une lettre qui, de l'avis de quelques-uns, dévoile un grand complot. Vous vous en êtes servis pour appeler les électeurs à voter contre le Labour Party. (*Voix* : Non?...)

Jones. — Je crois qu'actuellement il ne se trouvera personne pour le nier.

Dans certaines régions, plusieurs libéraux ont voté contre le parti travailliste, même là où aucun pacte n'unissait conservateurs et libéraux. Est-ce une lettre authentique? Qui a vu l'original? Si ce n'est qu'une copie, peut-on la dire conforme à l'original? Qui nous prouve que c'est la copie authentique d'un prétendu original? Des millions d'électeurs ont voté en conséquence. (*Voix* : C'est faux!)

Jones. — C'est vrai! Le gouvernement actuel la considère comme authentique, puisqu'il l'a déclaré dans sa note au gouvernement soviétique, mais le gouvernement précédent ne l'avait pas reconnue comme authentique. Il a simplement déclaré ne pouvoir garantir son inauthenticité.

Je crois que pour établir de bonnes relations réciproques avec la Russie, il nous faut connaître la vérité sur la lettre de Zinoviev. C'est pourquoi je demande au gouvernement actuel, en raison des nouveaux renseignements qu'il possède, de former une commission d'enquête.

SÉANCE DU 10 DÉCEMBRE

Intervention de Neil Mac Lean.

Neil Mac Lean (2) demande au Premier Ministre s'il peut confirmer que la lettre incriminée de Zinoviev a été présentée au Cabinet ou à la sous-

(1) Député travailliste de Caerphilly (Galles).
(2) Député travailliste de Govan (Glasgow).

commission du Cabinet et s'il peut indiquer les motifs qui l'ont amené lui-même, ou le Cabinet, à publier sa ou leur conviction, c'est-à-dire que la lettre n'est pas un faux, et s'il ne pourrait pas remettre à la Chambre, pour l'enquête, le dossier complet sur lequel repose cette conviction.

LE PREMIER MINISTRE (M. BALDWIN). — La sous-commission du Cabinet a été nommée pour faire une enquête sur l'authenticité du document dont la copie se trouvait au Foreign Office.

Après enquête et examen des preuves qui lui ont été présentées, la sous-commission a été unanime à conclure qu'il ne peut y avoir de doute. La réponse aux deux dernières questions est négative.

NEIL MAC LEAN. — La Chambre conclura de cette réponse qu'en dehors de la copie, on n'a rien présenté à la sous-commission, ou bien qu'on lui a donné d'autres preuves de l'authenticité du document, c'est-à-dire que la copie était authentique. Je demande si M. le Ministre est prêt à présenter à la Chambre ces autres preuves, qui ont persuadé le Cabinet ou la sous-commission de l'authenticité de la lettre (*des membres : Non...*), afin que les députés puissent arriver au même jugement en se basant sur les mêmes faits.

LE PREMIER MINISTRE. — Alors cette commission perdrait son autorité, comme il en a été pour la précédente.

SNOWDEN (1). — La sous-commission du Cabinet, mentionnée par l'honorable membre de la Chambre, a-t-elle eu des preuves complémentaires à celles qui se trouvaient entre les mains de la commission du Cabinet, ayant fait l'enquête précédente ?

LE PREMIER MINISTRE. — J'estime qu'on a déjà répondu.

LE COMMANDANT KENWORTHY. — Si le gouvernement considère ce fait comme ayant une certaine importance pourquoi ne remet-il pas l'affaire à un tribunal neutre ?... (*Un des membres : A la Ligue des Nations.*)

M. MAC LEAN. — Vu le rôle important que cette lettre a joué pendant les dernières élections, le pays tout entier n'a-t-il pas le droit d'être mis au courant de la situation exacte, et si le Cabinet ou la sous-commission du Cabinet possèdent des documents ou des déclarations les ayant amenés à croire à l'authenticité du document, le pays n'a-t-il pas le droit d'en prendre connaissance, pour que tout le monde puisse savoir si la lettre est authentique ou fausse ?

LE PREMIER MINISTRE. — Je crois assez difficile de continuer les débats avec ce système de questions et de réponses, parce que les questions complémentaires peuvent provoquer de nouvelles explications et de nouveaux débats. Je suppose que la question sera débattue amplement lundi prochain.

Intervention de Kenworthy.

LE COMMANDANT KENWORTHY (2). — Lorsque j'ai insisté pour qu'on fît une enquête au sujet de la lettre de Zinoviev, j'étais parfaitement sincère. Mais il y a autre chose. La lettre est signée non seulement par Zinoviev mais aussi par un sujet britannique, qui n'est pas un inconnu. Il était assez influent il y a cinq ans pour lutter contre vous aux élections. Je parle de Mac Manus. Il se trouve dans ce pays. Je pensais, pendant les élections, que la rentrée des conservateurs mettrait fin à la propagande déloyale faite parmi les troupes. Je suis parfaitement d'accord avec eux là-dessus. Moi aussi, je suis l'adversaire de cette propagande déloyale. Si donc la lettre était authentique, ce serait un appel direct aux troubles dans l'armée et dans la marine, ce qui serait le plus lâche des crimes, attendu que le châtiment des instigateurs serait bien inférieur à celui qui frapperait les hommes détournés de leur devoir. Cet homme est un sujet britannique.

Je regrette l'absence du ministre de l'Intérieur et du chancelier de l'Echiquier. Je trouve que ce dernier se considère comme le marteau des bolcheviks. Pourquoi Mac Manus n'a-t-il pas été arrêté ?... Si cette lettre est authentique, — comme le croit le gouvernement, je pense que les honorables membres croyaient à ce qu'ils disaient eux-mêmes pendant les élections — ils doivent croire aussi à l'authenticité des signatures, et alors ce Mac Manus a commis un crime atroce. Nous avons entendu dire qu'ils n'ont pas l'intention de ménager les communistes et sont prêts à employer la manière forte. J'espère que l'af-

(1) Député travailliste de Colne Valley.
(2) Député travailliste de Kingston (Hull).

faire Campbell sera instruite. Mais, ici l'affaire est claire et cet homme, de l'avis des conservateurs, doit être emprisonné. Il doit être jugé. Pourquoi n'a-t-il pas été traduit en justice? S'ils ont des preuves, qu'ils s'en servent contre le signataire de cette terrible lettre qui a si brillamment servi la cause du Parti conservateur... Ils ne peuvent pas nuire à la Russie. Ils ne peuvent atteindre Zinoviev, mais ils peuvent appréhender son complice, Mac Manus. Pourquoi ne l'arrêtent-ils pas et pourquoi ne le jugent-ils pas?

Cette question n'est pas compliquée. Je vois au premier rang lord Curzon. Il juge sévèrement le bolchevisme. Puis-je, en tant que vieux collègue de la Chambre, lui demander d'exposer son opinion au ministre de l'Intérieur et à M. Churchill? Je souhaite voir la justice éclaircir à fond cette affaire, même si le gouvernement n'accepte pas la proposition russe, consistant à la déférer à un tribunal neutre.

M. Pilcher (1). — Je voudrais dire quelques mots au sujet de la lettre de Zinoviev, vu l'expérience que j'ai acquise aux Indes et vu la lumière jetée sur ce document par le procès des conspirateurs bolcheviks — procès qui eut lieu au cours d'avril, à Cawnpore. — Je voudrais demander à M. le Sous-Secrétaire d'Etat pour les Indes si, à l'heure actuelle, après avoir rejeté l'appel fait par quatre personnes condamnées à cinq et six ans de travaux forcés, il juge possible de publier en Angleterre les comptes rendus de ce procès, lesquels contiennent cinq ou six documents issus de la IIIe Internationale et d'une ressemblance typique avec le document de Zinoviev?

Si ces documents ne peuvent être étudiés et reconstitués d'après les méthodes de la critique historique, comme l'a fait le professeur Pollard pour les documents de la période des Tudor, s'il n'est pas possible de prouver l'authenticité de cette copie au sujet de laquelle on vient de prendre une résolution, il est tout au moins possible d'obtenir des documents semblables en étudiant les comptes rendus du tribunal de Cawnpore et de démontrer que cette lettre, par sa terminologie, par son esprit et par son but, ressemble extraordinairement à ces documents.

* *

Discours du Ministre de l'Intérieur.

Le Ministre de l'Intérieur (2). — Je veux dire quelques mots au sujet de la lettre de Zinoviev, question soulevée par M. Clynes. Je regrette que celui-ci ne soit pas encore là, mais il vaut peut-être mieux que j'explique exactement l'attitude que nous avons adoptée vis-à-vis de cette lettre. Premièrement : la lettre de Zinoviev n'a d'importance que parce qu'elle déclare catégoriquement ce qui a été dit et répété à Moscou pendant ces derniers mois. Si la lettre de Zinoviev avait paru dans le *Daily Mail* comme un simple feuilleton et sans s'être vu attribuer tant d'importance par le chef du gouvernement précédent, je ne crois pas qu'on lui eût prêté grande attention.

Elle n'aurait été tout simplement qu'une lettre, rapportant exactement les déclarations faites de temps en temps par Zinoviev et autres leaders bolchevistes de Moscou.

Ce n'est ni à nous ni au *Daily Mail* que la lettre de Zinoviev doit la renommée peu enviable qu'elle a, selon l'avis de l'opposition, acquise pendant les élections. En réalité, elle la doit uniquement au ministre des Affaires étrangères (3), qui lui attribua une importance telle, — ne pouvant la considérer comme un faux — qu'il crut devoir écrire à M. Rakovsky en termes violents pour lui exposer ses griefs contre la Puissance amie. (*Rires.*) Je me mets à la place de M. Mac Donald. Il considérait la Russie comme une nation amie de l'Angleterre. Voilà toute sa politique; elle se basait entièrement là-dessus. Néanmoins, il a cru nécessaire d'écrire et de se plaindre au représentant d'une nation amie (à son avis), parce qu'il sentait qu'une telle lettre, considérée comme l'expression exacte de l'opinion de Zinoviev, n'aurait jamais dû être écrite.

On m'a demandé ce que nous avions fait à ce sujet et le premier ministre

(1) Député conservateur de Penryn (Cornouailles).
(2) Lord W. Joynson Hicks.
(3) Mac Donald.

m'a permis de vous nommer les membres de la Commission du Cabinet. Il avait l'intention de les nommer hier, mais cela fut fait d'ailleurs.

Il s'agit de la Commission créée par le Cabinet et composée du Lord Chancelier, de l'ancien Lord Chancelier, de Lord Birkenhead, du ministre des Affaires étrangères et de Lord Cecil. Ces cinq membres du Cabinet eurent à leur disposition, au Foreign Office, toutes les preuves qui avaient amené l'ancien Premier ministre à écrire sa lettre et à proclamer devant le monde entier l'authenticité de la lettre de Zinoviev. Ils eurent en outre de nouvelles preuves provenant d'autres sources que l'Angleterre possède dans d'autres pays, et je veux dire — j'y suis autorisé — au nom du Cabinet, qu'ayant remis cette affaire entre les mains de ces cinq membres, nous étions prêts à entendre la déclaration qu'ils nous ont faite, en effet, et aux termes de laquelle ces hommes sérieux, raisonnables, capables et désireux d'examiner la valeur des preuves s'affirmèrent convaincus de l'authenticité de la lettre. Cette déclaration faite par cinq membres de notre Cabinet a suffi aux autres membres, je suppose que ces explications suffiront à nos honorables amis se trouvant de ce côté de la Chambre (conservateurs). Je crois, en outre, que le peuple de notre pays trouvera suffisant que je lui dise, du haut de cette tribune et avec le sentiment de toute ma responsabilité ministérielle, que nous n'avons pas l'intention de présenter à la Chambre et au pays — cela serait impossible — les preuves sur lesquelles se base cette opinion et les noms des personnes intéressées. Il serait impossible de divulguer le nom de ceux qui ont fourni des preuves, vu le danger qui en résulterait pour leur vie. Cette déclaration nous suffit et elle suffira aussi, je pense, au pays.

Le colonel Wedgwood (1). — Puis-je demander si la déclaration faite par M. le ministre de l'Intérieur signifie que la Commission du Cabinet n'a pas eu d'autres preuves que celles présentées au Cabinet précédent ?

M. Joynson Hicks. — Dans ma réponse, j'ai indiqué que cette Commission a eu en sa possession toutes les preuves présentées à la dernière Commission du Cabinet et en plus, de nouvelles preuves reçues du Foreign Office. Telle est ma déclaration. Nous considérons que cette lettre est authentique et nous assumons toute la responsabilité de cette déclaration. Elle l'est en réalité. Les honorables membres doivent croire ou aux paroles de M. Zinoviev ou à l'affirmation de la commission du Cabinet anglais. Ils n'ont qu'à faire leur choix.

Smith (2). — Peut-être le très honorable Monsieur voudra-t-il nous dire, par contre, si le cabinet croit aux paroles de la délégation britannique qui se trouve en Russie, et qui a acquis la conviction que la lettre n'était qu'un faux.

M. Joynson Hicks. — J'ai indiqué qu'il fallait choisir. L'honorable député peut croire ce qu'il lui plaira. Il en est de même pour le pays qui croit, je pense, ce que je crois moi-même.

Kenworthy demande à M. Baldwin s'il a l'intention de prendre les mesures nécessaires pour éclaircir la question de la lettre Zinoviev adressée au Parti communiste britannique et publiée pendant les dernières élections.

Wilson (3) demande à M. Baldwin s'il est convaincu de l'authenticité de la lettre de Zinoviev.

Le capitaine Benn (4) demande au ministre des Affaires étrangères s'il peut faire quelques déclarations quant à l'authenticité de la lettre de Zinoviev.

Thurtle (5) *pose au ministre des Affaires étrangères la question suivante :*

« Le gouvernement de Sa Majesté a-t-il reçu et confirmé la réception de la réponse de M Rakovsky à la première note envoyée par le gouvernement de Sa Majesté au gouvernement russe au sujet de la fausse lettre de Zinoviev, dont on a publié la réponse dans la presse ? »

R. Mac Neill (Sous-Secrétaire aux Affaires étrangères). — Toutes ces questions ayant trait à la lettre de Zinoviev seront sans doute soulevées pendant les débats de la semaine prochaine et je pense qu'il serait préférable que mon honorable ami, le ministre des Affaires étrangères, y réponde pendant ces débats.

(1) Député travailliste de Newcastle.
(2) Il y a trois députés travaillistes de ce nom.
(3) Travailliste (il y en a deux de ce nom).
(4) Travailliste.
(5) Travailliste.

SÉANCE DU 15 DÉCEMBRE 1924

Discours de Chamberlain.

CHAMBERLAIN. — Il faut rendre justice à l'honorable ancien Premier Ministre pour l'énergie et la rapidité avec lesquelles il a agi, lors de la réception de la lettre en question. Malheureusement, un malentendu a surgi entre lui et les hauts fonctionnaires du Foreign Office.

COMMANDANT KENWORTHY. — Ce fut une bonne chance pour vous.

CHAMBERLAIN. — Je demande à l'honorable membre de s'abstenir un peu, car cette affaire concerne en premier lieu, et surtout, l'ancien Premier et moi. Je crois que l'ancien Premier n'a jamais douté une seconde de l'honnêteté et de la loyauté de ses collaborateurs du Ministère, de l'activité desquels nous sommes fiers. Il ne suffit pas de savoir que l'ancien Premier reconnaît cet état de choses et, à mon tour, je le crois, lorsqu'il dit qu'il y a eu un malentendu et qu'il ne voulait pas que la lettre fut publiée.

MAC DONALD. — Pas la lettre, la note.

CHAMBERLAIN. — J'ai déclaré qu'il n'avait pas approuvé la publication de la lettre.

MAC DONALD. — Je ne veux pas qu'on confonde la lettre de Zinoviev et la note envoyée à M. Rakovsky.

CHAMBERLAIN. — L'honorable parlementaire n'a pas approuvé la note de Rakovsky. Je le dis parce que je veux éviter la polémique sur une question qui ne souffre pas de discussion, et je cite avant tout des faits. J'ai déjà dit que l'affaire Zinoviev avait été laissée dans une mauvaise situation.

Avant de démissionner, le dernier gouvernement a ordonné une enquête, mais, jusqu'au dernier moment, la commission d'enquête n'a pu aboutir. Notre devoir était de continuer cette enquête et les conseillers actuels de Sa Majesté ont nommé une commission composée du Lord Chancelier, du Ministre des Indes, de lord Curzon, auparavant ministre des Affaires étrangères, de lord Cecil, sous la présidence du Ministre des Affaires étrangères actuel. Tous les matériaux dont s'était servie la commission précédente ont été en notre possession; nous avons eu en outre des renseignements supplémentaires, reçus avant la démission du gouvernement précédent, et enfin des matériaux entièrement nouveaux, reçus après sa démission. Nous avons interrogé tous les témoins et étudié tout le dossier.

Quand le représentant du gouvernement parle de certains renseignements provenant de la police secrète, il ne peut dépasser certaines limites. Si l'on trahissait les secrets de cette police, elle n'aurait plus aucune raison d'être. C'est pourquoi je dois être prudent, mais je puis vous communiquer ce qui suit :

Le gouvernement sait parfaitement d'où vient la lettre. Nous connaissons, du commencement à la fin, le chemin qu'elle a parcouru. On a reçu, en outre, des renseignements au sujet des documents prouvant l'existence de cette lettre. Il existe une troisième source, n'ayant aucun rapport avec les deux premières, et confirmant également l'authenticité. Je dois ajouter que ces renseignements ne proviennent pas de trafiquants de documents semblables, qui se seraient adressés à tout hasard au Foreign Office, mais de personnes que nous connaissons bien et dont on a pu constater la loyauté pendant de longues années. Certaines personnes croient que le Foreign Office a été trompé par un de ces faux fabriqués en masse dans les différentes parties du monde. Notre Foreign Office et la police secrète sont mieux renseignés, je crois, sur ces faux, que les honorables membres d'en face (les députés du Labour Party). Nous les connaissons bien et cela même nous garantit contre toute mystification. Les renseignements présentés à notre commission nous ont tous convaincus, y compris la personne occupant à l'heure actuelle le plus haut poste juridique et celle qui l'occupait auparavant

Aucun doute n'a subsisté quant à l'authenticité de ce document et nous avons, sans plus tarder, envoyé la note, sous ma signature. Je ne voudrais plus discuter sur cette question.

Mac Lean. — Pourquoi n'avez-vous pas fait arrêter Mac Manus ?

Chamberlain. — Peu importe si la signature de Mac Manus est authentique ou non. Je sais qu'il se trouvait alors à Moscou. Je sais également que Zinoviev y était aussi, bien qu'il le nie. Mac Manus nous a dit : « Est-ce que Zinoviev pouvait m'envoyer une lettre, puisque j'étais alors à Moscou avec lui ? » Vous voyez bien que Zinoviev se trouvait alors à Moscou, c'est Mac Manus lui-même qui le confirme. (*Interruptions. Bruit.*)

Il est inutile de discuter là-dessus, les preuves sont trop convaincantes. L'honorable lord et ancien ministre de l'Aéronautique (1), dans un de ses discours, a déclaré que n'importe quel sot aurait pu s'apercevoir qu'il s'agissait d'un faux. Vous entendez bien, n'importe quel sot, sauf l'ancien Premier qui a pourtant jugé nécessaire d'ordonner une enquête. L'ancien ministre de l'Aéronautique a apporté quelques preuves, et M. Rakovsky, avant de prendre contact avec Moscou, les a confirmées lorsqu'il s'est efforcé de prouver que la lettre était un faux. Il nous a déclaré : « C'est indubitablement un faux, puisque l'Internationale communiste ne s'est jamais appelée « Troisième Internationale communiste ». J'ai en mains deux exemplaires des *Isvestia* publiés quelques jours avant la date figurant sur la lettre de Zinoviev :

(*Une voix :* Et ce journal, où a-t-il été fabriqué ?)

Chamberlain. — En Russie. C'est un journal provenant du pays où la liberté de la presse n'existe pas; il n'est donc pas possible de croire que les informations publiées par les journaux y paraissent sans l'approbation du gouvernement. Voici un exemplaire paru quelques jours avant la lettre Zinoviev et en voilà un autre paru après cette lettre; tous les deux parlent de l'Internationale communiste. (*Une voix :* Lisez-les.)

Mac Lean. — Oui, lisez-les, s'il vous plaît, mais pas les copies.

Chamberlain. — Je ne comprends pas bien si l'honorable membre désire réellement que je les lise, ou s'il veut tout simplement interrompre mes explications. Je ne sais pas le russe. Je ne puis lire que la traduction. (*Une voix :* Etes-vous sûr que la traduction ne soit pas, elle aussi, un faux ?)

Chamberlain. — Il serait facile de le vérifier : l'honorable membre n'a qu'à consulter ses amis de Moscou.

Mac Lean. — Je n'ai pas d'amis à Moscou.

Le Speaker (2). — Si le membre du gouvernement (Chamberlain) n'insiste pas sur cette question, je prie l'honorable membre de la Chambre de reprendre sa place.

Mac Lean. — L'honorable membre du Parlement estime que j'ai des amis à Moscou. Je n'en ai ni à Moscou ni ailleurs en Russie et je le prie, par conséquent, de retirer ses paroles.

Chamberlain. — Je n'aurais pas occupé l'attention de la Chambre par des questions si mesquines, si je n'y étais pas obligé. J'ai entendu pendant une vingtaine de minutes accuser le gouvernement de Sa Majesté de ne pas avoir d'amis en Russie, et voilà que l'honorable membre de la Chambre se déclare vexé quand j'admets que lui en a.

Si l'honorable membre de la Chambre n'insiste pas, je ne lirai pas les journaux en question; il suffit de dire qu'ils parlent de la Troisième Internationale Communiste. Les *Isvestia*, comme on le sait, sont l'organe officiel du Comité central exécutif de l'Union soviétique. Je pense avoir dit tout ce que je devais comme ministre responsable, sur les origines de la lettre. Désormais, j'entends adopter la même attitude que le ministre des Affaires étrangères de Washington, lorsqu'il acquit la certitude qu'un document nié par le gouvernement soviétique était en réalité authentique. Je refuse de continuer toute discussion ultérieure, et je déclare que le document est authentique. Quiconque aurait vu les documents et les témoins qui ont passé devant moi, ne pourrait conclure autrement.

(1) Lord Thomson (du cabinet Mac Donald).
(2) Le président (J. H. Whitley).

SÉANCE DU 18 DÉCEMBRE 1924

Nouvelle intervention de Kenworthy.

KENWORTHY *pose la question suivante à M. Chamberlain :*

« La Commission du Cabinet a-t-elle convoqué M. Mac Manus qui aurait signé la soi-disant lettre de Zinoviev, pour déposer quant à l'authenticité de cette lettre; sinon, pourrait-on nous dire pourquoi un si important témoin n'a pas été convoqué ? »

CHAMBERLAIN. — Je ne peux rien ajouter à la déclaration que j'ai faite au sujet de la lettre Zinoviev lundi pendant les débats.

KENWORTHY. — Dans sa réponse, l'honorable membre du gouvernement tourne autour de ma question; aura-t-il l'obligeance d'y répondre maintenant?

CHAMBERLAIN. — J'ai déclaré lundi tout ce que j'ai jugé nécessaire dans l'intérêt public et j'ai ajouté que je ne dirais plus rien à ce sujet. Je demande à la Chambre de s'en tenir à cette décision.

CLYNES. — Puis-je poser à l'honorable membre du gouvernement la question suivante :

« Puisque le gouvernement est absolument convaincu de l'authenticité de la lettre et attendu que cette lettre a été signée par un sujet britannique, le gouvernement a-t-il l'intention de traduire en justice le sujet britannique ayant signé un document de trahison? »

CHAMBERLAIN. — Cela ne me regarde pas, et je n'ai pas affirmé que la signature de Mac Manus avait été apposée par lui-même ou par une autre personne. Le gouvernement est convaincu de l'authenticité de la lettre. J'ai dit tout ce que je pouvais dire et, comme ministre responsable, je n'aborderai plus les preuves qui m'ont convaincu.

CLYNES. — Puisque le peuple a prononcé son verdict dans cette affaire sans avoir connaissance des preuves, ne serait-il pas possible de les lui faire connaître?

CHAMBERLAIN. — Non, Sir, il est absolument impossible de divulguer ces preuves; d'ailleurs, le leader de l'opposition (Mac Donald) peut l'apprendre à l'honorable membre, son voisin.

KENWORTHY (*s'adressant au speaker*). — Quand vous permettez, Monsieur le Président, d'inscrire une question à l'ordre du jour, n'est-ce pas l'habitude et même la règle, si je ne me trompe, d'y répondre, à moins qu'on n'invoque l'impossibilité de le faire dans l'intérêt public? Dans le cas présent, l'honorable membre de la Chambre n'a pas invoqué cette raison pour refuser des explications. J'ai demandé si la Commission du Cabinet avait convoqué un témoin; n'ai-je pas le droit d'insister pour avoir une réponse, ne dois-je pas l'obtenir?...

CHAMBERLAIN (*au Président*). — Avant de répondre à cette question, permettez-moi de dire, avec toute ma responsabilité, que j'estime nuisible à l'intérêt public de faire une déclaration quelconque au sujet des témoins entendus par la Commission.

LE SPEAKER. — En outre, j'ai déjà répondu plusieurs fois à la question posée par l'honorable membre. Les membres de la Chambre peuvent poser des questions, mais aucun règlement ne force les ministres à y répondre.

MACKINDER (1). — Comme suite à la déclaration du ministre des Affaires étrangères (Chamberlain), puis-je demander ce qui suit : « Vu que l'intérêt public empêche de dire si Mac Manus a été convoqué ou non (par la Commission), peut-on entreprendre quoi que ce soit, dans l'intérêt public, pour empêcher Mac Manus de faire des déclarations quelconques à ce sujet? »

CHAMBERLAIN. — Il m'importe peu qu'il fasse des déclarations quelconques.

MAC LEAN. — Comme suite aux déclarations complémentaires du ministre des Affaires étrangères, puis-je savoir s'il y a des doutes sur l'authenticité de la signature de Mac Manus apposée au bas de cette lettre?

CHAMBERLAIN. — Je ne suis pas disposé à faire d'autres déclarations à ce sujet.

MAC LEAN. — Pouvez-vous faire une déclaration quelconque? (*Pas de réponse.*)

(1) Député travailliste de Shipley (Yorkshire).

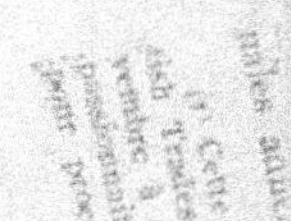

V. - L'enquête des trade-unionistes à Moscou.

Un télégramme au *Daily Herald* et au Conseil général.

Copie au Conseil général des Trade-Unions, 32, Eccleston Square, Londres.

En présence de la grande émotion suscitée dans le public par la lettre Zinoviev, de l'échange de notes diplomatiques entre la Grande-Bretagne et la Russie et de l'importance de cette affaire, en général, la délégation britannique, lors de son retour à Moscou, poursuivit minutieusement son enquête annoncée dans ses communications précédentes.

D'accord avec notre première suggestion, faite au cours d'une conversation avec Zinoviev et consistant à permettre à la délégation d'examiner les documents russes, afin de constater si les accusations formulées par le gouvernement britannique et la presse étaient fondées ou non, nous avons entrepris ce qui suit :

La délégation britannique a fait une enquête minutieuse au sujet de cette affaire. Autorisée à examiner les archives et à compulser toutes les pièces se rapportant à la période de la lettre Zinoviev, elle a étudié toutes les pièces expédiées pendant ladite période.

La délégation est maintenant en mesure de communiquer les résultats de ses investigations :

1° Tous les documents sans exception expédiés par le Secrétariat de Zinoviev, avant et après la date figurant sur la lettre, ont été examinés sans qu'on y ait trouvé des preuves de nature à établir l'envoi d'un document semblable à celui qui fut publié en Grande-Bretagne pendant les élections parlementaires.

2° De même, toute la correspondance échangée avec le Parti Communiste et se rapportant à la même époque a été examinée; or, aucun document semblable en quoi que ce soit à la lettre apocryphe de Zinoviev et signé par ce dernier n'a jamais été expédié de Moscou, soit par une institution soviétique, soit par aucune autre institution. Nous sommes donc amenés à taxer d'absolue fausseté toutes les communications de ce genre.

3° La délégation sera en mesure de présenter dans son rapport complet au sujet de son voyage en Russie, de nouvelles preuves à l'appui de la déclaration qu'elle a faite antérieurement, disant que la lettre de Zinoviev n'est qu'un faux et que le Foreign Office et toute la presse se sont servis de faux documents pour accuser une puissance étrangère et porter préjudice au Labour Party britannique.

Signé : Le Président, A. A. PURCELL.
Le Secrétaire, Fred BRAMLEY.

L'enquête au Komintern.

La Délégation des trade-unions britanniques en Russie (1), ayant fait une enquête sur la soi-disant lettre de Zinoviev, commence son compte rendu par une description du Komintern et un aperçu de ses rapports avec le gouvernement de l'U. R. S. S.

Les résultats de l'enquête, déclare la délégation, l'ont complètement [illegible] que l'activité du Komintern, en raison de son organisation inté[illegible] [illegible]ptible d'influer sur les rapports de deux puissances [illegible] et l'U. R. S. S.

[illegible] autres organisations internationales, est un [illegible]ut de coordonner l'action des sections natio[illegible] un quartier général mondial de conspirateurs.

[illegible] de chefs trade-unionistes connus, représentant le Bri[illegible] [illegible].G.T. britannique) a séjourné en U.R.S.S. du 10 no[illegible] c'est-à-dire au moment où la « lettre de Zinoviev » [illegible]glaise. Elle tint à profiter de sa présence à Moscou [illegible] l'authenticité du « document ».

Il tendrait plutôt, au contraire, à empêcher les éléments extrémistes de provoquer des actions inutiles et des violences.

La Délégation déclare ensuite qu'elle est en mesure d'affirmer que la politique du Komintern envers l'Angleterre est actuellement empreinte d'un esprit de modération et ne tend qu'à favoriser des actions de caractère constitutionnel. Elle est convaincue que le commissaire du peuple aux Affaires étrangères, en raison de sa fonction et de sa politique, aurait empêché toute entreprise du Komintern contraire aux obligations des traités, et qu'aucune infraction à ces traités n'a été ni commise ni projetée; que le Komintern, enfin, en ce qui concerne la Grande-Bretagne, n'est pas une entreprise si terrible que voudraient le faire croire ses dirigeants et ses ennemis.

Ces conclusions sont celles du rapport de la Commission spéciale qui a étudié les archives du Komintern, après y avoir été autorisée par Zinoviev et sans que personne en ait été averti.

La Commission était composée de Ben Tillett, Grenfell et George Young. L'un d'eux parlait bien le russe, un autre le russe et l'allemand, détail assez important, étant donné que les documents secrets étaient rédigés principalement en allemand.

La Commission a demandé avant tout à voir la correspondance échangée avec le Parti communiste anglais. Ensuite, elle a étudié de quelle façon les documents secrets se rédigent habituellement, comment ils sont enregistrés, expédiés, etc...

Après quoi, elle s'est fait présenter le registre de la correspondance expédiée et l'a étudié minutieusement à partir du 1er juin. Dans ce registre se trouvaient quelques centaines d'inscriptions en russe et en allemand. A chaque inscription pouvant se rapporter à l'Angleterre, la Commission réclamait les pièces respectives, que lui transmettait aussitôt le service des archives.

Enfin, l'étude des travaux des sections du Komintern ayant démontré que tous les documents de quelque importance n'étaient rédigés qu'après délibération du Comité exécutif, la Commission se fit remettre les procès-verbaux des séances de ce Comité.

Toutes ces recherches lui ont permis de se documenter sur l'activité du Komintern entre juin et octobre 1924.

Avant de se retirer, elle s'est assurée qu'il n'existait, au Komintern, en dehors des voies de transmission connues, aucune autre voie par laquelle la lettre de Zinoviev aurait pu passer.

En outre, l'attitude des personnages officiels et des employés, ainsi que l'atmosphère dans laquelle s'est poursuivie l'enquête, ont convaincu la Commission — composée de personnes au courant des enquêtes étrangères et des instructions judiciaires, — qu'elle avait pénétré au centre même des archives secrètes du Komintern.

L'enquête des délégués britanniques les a convaincus, jusqu'à preuve contraire, qu'aucune « lettre rouge » n'est parvenue du Komintern. Tout ce qui a été dit à Londres sur les origines de la lettre en question n'a fait qu'ancrer cette conviction dans leur esprit.

Par exemple, M. Chamberlain, répondant à M. Mac Donald, déclarait le 15 décembre à la Chambre n'avoir jamais vu l'original de la lettre et qu'il importait peu que la signature de Mac Manus y fût apposée ou non.

Quant à M. Mac Donald, il a déclaré carrément : « Je n'ai aucune espèce de preuve. »

D'autre part, si M. Chamberlain, d'après l'expertise faite par son Cabinet, s'est prononcé énergiquement pour l'authenticité du document, M. Mac Donald, qui a fait de son côté une expertise, considère qu'il n'existe pas de preuves d'authenticité suffisantes. D'où il résulte que la conclusion à laquelle auraient droit de s'arrêter ceux qui croient encore à la conspiration du Komintern, pourrait se formuler ainsi : « Il se peut que la « lettre rouge » n'existe pas sous forme de message signé, mais son contenu a été néanmoins transmis sous une forme ou sous une autre. » La version la plus répandue est qu'il s'agit d'un discours dont le texte aurait été adressé au Parti communiste d'Angleterre.

C'est ainsi que la délégation fut amenée à se poser la question suivante : « Zinoviev a-t-il pu dire, dans un de ses discours du Komintern, quelque chose de semblable au contenu de la lettre et ce discours a-t-il pu être envoyé en Angleterre? »

Or, elle a constaté que le Komintern envoie bien à l'étranger, sous forme de circulaires, les discours de Zinoviev, tandis que les instructions — et la lettre en est une — ne sont expédiées que sous forme de messages signés. Or, le 12 septembre, des extraits d'un discours de Zinoviev au Comité exécutif furent effectivement expédiés à l'adresse du Parti communiste d'Angleterre, sous enveloppe signée par Mac Manus. Mais le contenu de ce discours était absolument sans importance et se rapportait principalement à la situation générale sur le continent. La délégation prit copie du texte de ce discours et se fit délivrer copie des lettres envoyées. La délégation se croit autorisée, dit le rapport, d'affirmer qu'elle s'est procurée toutes les preuves tendant à démontrer aux personnes d'esprit assez large que la « lettre rouge » n'est qu'un faux. Elle croit, en outre, avoir découvert la source à laquelles les auteurs du faux ont puisé. Et elle en a assez dit pour convaincre tout lecteur sans parti pris, que le faussaire aurait certainement été découvert si on avait fait à Londres une enquête semblable à celle qui fut effectuée en Russie par la délégation.

Le Conseil général des Trade-Unions conclut au faux (1).

Le Conseil général du « Trades-Union Congress » fait la déclaration suivante au sujet de la délégation qui s'est rendue en Russie :

Le « Trades-Union Congress » a ratifié à l'unanimité le rapport de la délégation syndicale au sujet de la « lettre rouge » et, d'accord avec les demandes pressantes des organisations professionnelles, il a décidé de faire publier ce rapport.

Six mois se sont écoulés depuis que la « lettre rouge » a été publiée et mise en circulation. Le refus obstiné du gouvernement actuel de procéder à l'enquête demandée par les parties les plus intéressées, — l'ancien gouvernement travailliste et le gouvernement russe, — a fait naître des soupçons qui, chaque jour, se précisent davantage et se répandent de plus en plus.

C'est ainsi que l'ancien gouvernement travailliste a été suspecté d'avoir failli à ses principes pour avoir, sur la foi d'un faux n'ayant pas même été expertisé, assumé le risque d'un conflit avec le plus grand Etat d'Europe, — la première Fédération Soviétique, — conflit qui eût été néfaste à la paix universelle et à l'union mondiale de la classe ouvrière.

De même, le gouvernement actuel est accusé d'avoir trahi ses principes en falsifiant les élections parlementaires à l'aide d'une conspiration politique, manœuvre néfaste au régime constitutionnel et au prestige de la société anglaise.

De son côté, le Foreign Office est accusé de n'avoir pas su respecter ses propres traditions non plus que les lois internationales. Ces accusations sont basées sur de nombreux faits, à savoir : Que le Ministère a adressé à une grande puissance une note d'importance capitale, signée par un simple fonctionnaire agissant sans l'autorisation du ministre;

Que cette note a été publiée sans que la puissance intéressée ni son Conseil des ministres en aient été avisés;

Que tout cela a eu lieu au moment critique des élections parlementaires et qu'enfin, toute cette manœuvre a eu pour point de départ un document moins authentique encore que les documents précédents dont le caractère apocryphe a pu être établi.

Des soupçons de cette nature ne peuvent que nuire à notre système politique et à notre société. Et tant que ces doutes ne seront pas dissipés, les désirs sincères du Labour Party de contribuer à l'union de la classe ouvrière du monde entier, en vue de reconstruction de l'Europe, resteront suspects et le gouvernement actuel, arrivé au pouvoir par des moyens de police secrète, sera compromis aux yeux de l'Europe.

C'est pourquoi le Conseil général des Trade-Unions, représentant l'opinion l'opinion publique de son pays aussi bien que du continent, estime qu'il serait fort regrettable que les intérêts de parti empêchent le parlement et les deux parties intéressées de purifier l'atmosphère politique par une enquête officielle et publique.

A qui incombe la responsabilité?

(1) *Daily Herald*, 18 mai 1925.

La délégation des trade-unions à Moscou a examiné minutieusement sur place la question de l'authenticité de la « lettre rouge ». Mais cette question n'a qu'une importance secondaire à côté de cette autre, savoir : comment un tel document a-t-il acquis l'importance qu'on lui attribue actuellement?

Le ministre de l'Intérieur a déjà indiqué à la Chambre que ce sont précisément les mesures officielles prises à propos de cette lettre et de sa publication qui ont fait que l'opinion publique s'y est vivement intéressée pendant la période électorale.

La responsabilité retombe alors aussi bien sur le Labour Party que sur le Foreign Office. Or, ce dernier ne peut demander une enquête pour se justifier. Par conséquent, seul le Labour Party peut la demander.

Les objections à la proposition du Labour Party manquent de valeur concluante. En effet, la sécurité des agents secrets peut parfaitement être assurée par leur rappel sous la garantie du gouvernement russe. Si les autorités russes (et les représentants des organisations siégeant en Russie) ont jugé possible de mettre leur personnel et les archives du Commissariat pour les Affaires étrangères, ainsi que celles du Komintern, à la disposition d'une mission d'enquête étrangère, notre refus de soumettre à l'examen du Parlement l'attitude de notre Foreign Office et de Scotland Yard (Police secrète) ne peut qu'éveiller les plus graves soupçons à l'étranger. A l'intérieur de notre pays, toute opposition à l'enquête ne peut qu'aviver le mécontentement public et nuire au prestige du Parlement et de notre société. C'est pourquoi le Conseil général insiste pour que le gouvernement autorise les représentants du Labour Party, de concert avec les fonctionnaires du Foreign Office et du Ministère de l'Intérieur, à faire une enquête à ce sujet.

Les faussaires en Chine

L'Affaire Dausser.

Le 30 mai 1925, au cours d'une paisible manifestation organisée par les ouvriers chinois pour protester contre l'assassinat d'un gréviste, ouvrier dans une fabrique japonaise, la police de Shanghaï tira sur la foule, tuant et blessant quelques dizaines de manifestants.

En droit, la police de Shanghaï se trouve entre les mains d'une organisation internationale, mais en fait, elle est dirigée par les Anglais.

L'indignation suscitée dans le pays entier par cette fusillade fut telle qu'elle provoqua un mouvement de protestation d'une ampleur inconnue jusqu'alors en Chine : il prit la forme d'une grève générale de tous les ouvriers et employés occupés dans les administrations anglaises, les usines et les fabriques; en outre, le boycottage des marchandises anglaises, très appréciées sur le marché local, fut organisé dans toute la contrée ; rigoureusement appliqué dans les deux grands centres commerciaux, de Shanghaï et de Hong-Kong, il causa au commerce anglais d'énormes pertes, évaluées à des dizaines de millions de dollars par mois.

Il est tout naturel que les capitalistes anglais et leur administration coloniale aient voulu présenter ces événements comme résultant de la propagande bolcheviste et se soient efforcés de mêler à cette affaire, d'une manière ou d'une autre, les fonctionnaires des Soviets.

Ainsi fut préparé le terrain pour l'affaire Dausser.

Canton, capitale de la Chine méridionale servait d'entrepôt au commerce du naphte anglais. Or, le boycottage frappe en premier lieu ce commerce, arrêtant net l'approvisionnement en naphte de toute la Chine méridionale. C'est alors que le Syndicat soviétique du naphte, sollicité par le gouvernement de Canton, envoya de Vladivostok des navires chargés de pétrole et de naphte et prit en main l'approvisionnement de la Chine du Sud en produits pétrolifères. Il s'avéra très vite que ceux-ci, par leur qualité et leur prix, étaient parfaitement susceptibles de concurrencer les produits anglais.

Le Syndicat soviétique du naphte (*Neftsyndicat*) décida donc d'installer des bureaux à Canton et y envoya comme directeur Z.-N. Dausser. Il va de soi que ce dernier était voué à la haine et à la vengeance des Anglais.

Un jour, Dausser dut se rendre à Canton pour les affaires du Neftsyndicat. A Shangaï, confiant dans le traité anglo-russe, il eut l'imprudence de se munir d'un visa pour lui et pour sa femme, en vue d'un voyage à Canton via Hong-Kong, où il devait changer de bateau pour continuer son voyage sur un petit bateau de la flotte fluviale.

Dausser expulsé.

Arrivé à Hong-Kong après le départ du bateau à destination de Canton, le couple Dausser fut obligé d'attendre le bateau suivant, qui partait le lendemain. Ils descendirent dans un hôtel anglais pour y passer la nuit. Le soir, deux policemen anglais se présentèrent à l'hôtel et demandèrent à voir les papiers de Dausser. Ils voulurent savoir quel était le but de son voyage à Canton et s'il n'était pas le représentant du Neftsyndicat. Sur sa réponse affirmative, les deux hommes se retirèrent, mais une heure plus tard, une bande de détectives anglais, le chef de la police en tête, envahissait la chambre occupée par Dausser et sa femme.

Malgré leurs protestations énergiques, ceux-ci furent fouillés, puis une perquisition minutieuse eut lieu dans leur chambre, sous prétexte qu'ils étaient « suspects » de faire de la propagande bolcheviste.

Au cours de la perquisition, la police anglaise se saisit d'une enveloppe à l'adresse du Consulat de l'U.R.S.S., à Canton, et émanant du Consulat soviétique de Shangaï. Sans tenir compte des protestations réitérées de Dausser, la police ouvrit l'enveloppe scellée et portant le cachet du Consulat de Shangaï et y trouva... une série de dépêches de l'agence télégraphique Rosta sur les derniers événements en Chine et publiées antérieurement dans plusieurs journaux anglais et chinois.

Dausser et sa femme furent arrêtés, malgré le néant de la perquisition. Le lendemain, Dausser apprenait qu'il lui était interdit d'aller soit à Canton, soit à Hong-Kong et qu'il devait retourner à Shangaï sur le bateau anglais *Mantona* qui quittait le port dans une heure.

Malgré leurs protestations, ils furent conduits par la police, sur le *Mantona*, où la police poussa la prévenance jusqu'à leur faire « réserver » une cabine; leurs bagages, y compris les dépêches de Rosta, leur furent remis sur le bateau; durant le parcours, ils ne furent pas soumis à une surveillance apparente.

Dausser emprisonné.

A l'arrivée à Shangaï, le 24 juin, un détachement de police internationale commandé par un inspecteur anglais nommé York, se présenta à bord du bateau et arrêta Dausser et sa femme, les accusant de faire de la propagande bolcheviste.

Une nouvelle perquisition très minutieuse fut opérée. A nouveau, la police saisit la « terrible » enveloppe contenant les dépêches de l'agence Rosta. Parmi les agents de la police britannique se trouvaient quelques gardes-blancs russes — Kedrolivansky, Bébinine, Boulanine et autres, dont Dausser ne put savoir le nom. L'attitude de ces derniers fut particulièrement insultante et il est évident que c'est eux qui dirigeaient la perquisition.

La perquisition terminée, Dausser et sa femme furent arrêtés et jetés en prison, mais, le soir même, Mme Dausser était libérée sous caution; elle dut s'engager par écrit à ne pas quitter Shangaï et à se tenir à la disposition des autorités.

Le lendemain, Dausser et sa femme furent traduits devant le Tribunal mixte international; l'accusation leur imputait « l'agitation, la propagande bolcheviste et l'organisation des grèves ».

Le hasard, très habile parfois, voulut que le juge anglais Whitamore, toujours prêt à complaire aux autorités anglaises et avec lui le magistrat chinois Ouzao, créature de l'Angleterre, fussent chargés de juger l'affaire.

Ainsi, tout en paraissant agir au nom des dix-huit Etats régissant la concession internationale, les autorités anglaises s'arrangèrent de façon à être les seuls juges de l'affaire Dausser.

En dépit de toutes les machinations, la culpabilité ne put être établie. L'affaire fut remise et Dausser libéré sous caution de 20.000 dollars.

Un « document ».

Mais ses affaires restèrent à la police et six jours plus tard, le 30 juin, il était de nouveau mandé au Tribunal où on lui présenta une nouvelle pièce à conviction, un « document » découvert, paraît-il, parmi ses papiers; et découvert par qui? Par l'agent russe (au service de la police britannique) Kedrolivansky, à la suite d'une nouvelle perquisition opérée dans les affaires de Dausser restées à la police. Ce « document », rédigé sur un bout de soie était dissimulé entre la couverture et la première page d'un code commercial appartenant à Dausser. En voici le texte :

Certificat n° 43

Le porteur des présentes, le camarade Dausser (carte du Parti communiste n° 493), est délégué par le Service de Propagande de la Section méridionale de la Chine, à Hong-Kong et à Canton en vue d'y procéder à l'organisation des Comités de grève.

Tous les membres du Parti communiste russe sont invités à lui prêter l'assistance nécessaire au cours de sa mission.

En foi de quoi est apposé le sceau du Service de Propagande.

Shangaï, le 16 juin 1925.

Удостоверение -43

Пред,явитель сего тов. ДОССЕР Партбилет№493 командируется Агитотделом Юж. секции Китая в Гонконг-Кантон для организации стачечных комитетов.

Всем членам Р.К.П. оказывать ему содействие при выполнении его задач.

Что печатью Агитотдела удостоверяется

16-го июня 1925 г.

Шанхай.

ENGLISH TRANSLATION.

CERTIFICATE No.43.

The bearer of this, Comrade Dosser (Communist Ticket No.493) is sent by the AGITOTDEL (Agitation Department) of the South Section of China to Hongkong and Canton for the organisation of strike committee . All the members of Russian Communist Party are to give him every assistance in his work. This is certified by the seal of the AGITOTDEL (Agitation Department.)

16 June, 1925, Shanghai.

Il suffit de quelques notions sur les choses politiques et d'un peu d'impartialité pour apercevoir immédiatement qu'il s'agit là d'un faux grossier, fabriqué par un ignorant.

1° Il n'existe à Shangaï aucun « Service de Propagande » du Parti communiste pour la bonne raison que ce Parti ne travaille pas sur le territoire de la Chine où fonctionne un Parti communiste chinois;

2° Le sceau apposé sur le prétendu certificat comprend les lettres « R. K. P. » au lieu de « R. K. P. (b.) [Parti communiste de Russie (bolchevik] », il est évident qu'aucune organisation du Parti communiste de Russie ne pouvait commettre une si grave erreur;

3° La véritable carte de Dausser porte le numéro 125.407 et non pas 493;

4° L'absence de toute signature sur le certificat montre l'ignorance du faussaire qui n'a même pas eu assez d'imagination pour en inventer une.

A noter également que le fameux « document » ne fut découvert que six jours après la libération de Dausser et en son absence, parmi ses affaires restées à la police.

N'importe quel tribunal soucieux de son indépendance eût rejeté une pièce apparue dans des circonstances si étranges. Mais le Tribunal mixte de Shangaï n'hésita pas une minute à en admettre l'authenticité. Il fit plus : il décida que Dausser, prévenu libre, retournerait en prison « en raison des nouvelles circonstances aggravant sa culpabilité ».

Plus tard, sur les instances de la défense, Dausser fut de nouveau relaxé sous caution de 20.000 taëls (28.000 dollars).

Quel était l'auteur du faux ?

L'agent Kedrolivansky.

Le « document » en question a été fabriqué par l'agent de la police internationale, Kedrolivansky, ancien officier russe, de concert avec d'autres gardes-blancs également au service de la police : Bébenine, Boulanine et Kalvenas.

C'est un des hauts fonctionnaires anglais de la police internationale, qui avait chargé Kedrolivansky de fabriquer la pièce dont on avait besoin pour établir contre Dausser le délit prévu par les articles 127-130 du Code pénal chinois, c'est-à-dire la « propagande en vue de troubler la paix et la tranquillité ». Les auteurs de cette machination comptaient ainsi non seulement paralyser l'activité du Neftsyndicat, mais obtenir l'expulsion du Consulat de l'U. R. S. S. du territoire de la concession internationale.

Le document fut fabriqué le 19 juin, vers midi, et glissé par Kedrolivansky dans le code de Dausser. Ceci se passait dans le bureau des détectives russes.

Le même jour, vers 16 heures, Kedrolivansky prit avec lui les détectives Bebenine, Boulanine ainsi qu'un policeman anglais et, en leur présence, procéda à une nouvelle inspection des bagages de Dausser. C'est alors qu'il « découvrit » le précieux document qui fut aussitôt confié par Bebenine à l'inspecteur de police York qui était, paraît-il, l'âme de ce complot.

Les individus qui ont trempé dans cette machination sont d'anciens officiers russes de l'armée blanche, de parfaites canailles au passé lourdement chargé.

Le principal faussaire, Kedrolivansky, a appartenu autrefois au service de contre-espionnage du gouvernement blanc de Rozanov, à Vladivostok; il y était connu comme provocateur et prit une part active aux exploits d'une bande d'agents de la police secrète qui se livrait à l'assassinat et au pillage. Inculpé de vol à main armée, il fut emprisonné sous le gouvernement Rozanov. Son frère aîné, appartenant à la même bande, fut tué sur place par l'une de ses victimes.

Après la chute du gouvernement blanc à Vladivostok, Kedrolivansky s'enfuit au Japon, puis à Shangaï où il fit quelque temps de l'espionnage au service des Japonais contre la Russie; il s'offrit successivement à tous les services d'espionnage jusqu'au jour où il réussit à entrer définitivement dans la police britannique. L'histoire de ses complices — les Bebenine, Boulanine et Kalvenas — est à peu près la même : assassinats, vols, espionnage en faveur des puissances étrangères et brochant sur le tout une haine farouche de l'U. R. S. S.

Ces gens n'avaient rien à refuser à la police britannique.

Un tribunal bien impartial.

Pourtant, les juges britanniques et les milieux consulaires, ne se montrèrent pas satisfaits. Le faux était trop manifeste et trop grossier. On disait ouvertement dans les cercles non britanniques que le « document » avait été fabriqué par la police anglaise elle-même.

Le tribunal mixte n'en reconnut pas moins l'authenticité du document, en dépit de tous les efforts que fit valoir le défenseur de Dausser, l'avocat italien O. Ficher qui démontra irréfutablement la supercherie.

Le Tribunal condamna Dausser, qui fut expulsé du territoire de Shangaï soumis à l'administration étrangère. L'exposé des motifs du jugement alléguait que Dausser, bien qu'ayant eu l'intention d'organiser « la propagande bolcheviste » à Canton et de troubler « la paix et l'ordre » en Chine, n'avait pas eu le temps de mettre ses projets à exécution. Aussi, le « conspirateur » s'en tira-t-il avec une peine légère : l'expulsion. Quant au document nº 43, l'authenticité en fut solennellement reconnue!

« L'indulgence » du Tribunal s'explique aisément. Une condamnation plus sévère eut permis à la défense d'interjeter appel et, devant une nouvelle instance, de faire éclater le faux et d'amener la découverte des faussaires. Par contre, l'expulsion ne pouvait être empêchée, l'administration ayant droit de faire expulser qui la gêne.

Cependant, la vérité ne put être entièrement étouffée. Nous trouvons, par exemple, dans le *Japone Chronicle* qui paraît en anglais, à Kobé (Japon), l'article suivant publié le 4 août :

« La propagande anti-soviétique trouve, paraît-il, un terrain très propice « à Shanghaï et à Hong-Kong. L'affaire Dausser, jugée par le Tribunal de « Shangaï, n'est que le résultat de la haine farouche qu'éprouvent pour les « bolcheviks les gardes-blancs russes attachés au service de la municipalité « de Shangaï. Le fait qu'un homme en route pour Canton est renvoyé de « Hong-Kong et expulsé ensuite du territoire des concessions étrangères, « dépasse toute imagination et fait même oublier l'humour de Gilbert.

« Aucune accusation n'a été formulée contre Dausser. Même les pièces à « conviction trouvées dans ses bagages et motivant le délit de propagande « subversive, ne sont pas assez convaincantes pour soutenir l'accusation ».

Les autorités anglaises rémunérèrent largement les faussaires.

Kedrolivansky reçut 4.000 dollars chinois, plus de nombreuses félicitations et une augmentation de salaire. De même pour Bebenine et Boulaune; quant à Kalvenas, ayant touché la forte somme, il s'embarqua le 20 août sur le bateau allemand *Foulda* en partance pour Gênes. Tout le long du voyage, Kalvenas but énormément et répéta maintes et maintes fois en présence de plusieurs voyageurs « qu'il avait reçu la forte somme des autorités anglaises et que les documents découverts à Shangaï chez le citoyen Dausser étaient des faux qui avaient été fabriqués par une organisation monarchique russe de Shangaï, pour le compte des autorités britanniques ».

Ce fait peut être confirmé par les dépositions de témoins auriculaires.

Les faussaires en Roumanie

I. - Une fausse lettre de Rakovsky.

Dans la deuxième moitié du mois de septembre 1925, les journaux roumains appartenant à l'opposition firent beaucoup de bruit à propos d'une prétendue lettre de Rakovsky adressée à un prétendu « Centre de Propagande soviétique à Vienne ».

Les membres du parti libéral (parti du gouvernement) mécontents de leurs chefs, furent les premiers à soulever cette question dans le dessein de compromettre le ministre des Affaires étrangères, le baron Duca.

En publiant la lettre de Rakovsky dans son numéro du 28 septembre 1925, le journal « indépendant » *Adeverul*, qui dépend en réalité des banques roumaines non liées au parti libéral, fit précéder cette lettre de quelques mots résumant le sens du « document » publié.

« Il (Rakovsky) attire une fois de plus l'attention des personnes intéressées sur les faits suivants : il est sans illusion sur le républicanisme du parti paysan ; toute subvention accordée à ce parti en vue de le soutenir doit être considérée comme une dépense absolument inutile; enfin, d'après lui, le docteur Lupu n'est en réalité ni démocrate, ni même antimonarchiste.

La lettre de Rakovsky, lors de sa publication dans les journaux, inspira les doutes les plus sérieux même aux membres du parti libéral qui accusèrent le gouvernement de dépenser de l'argent pour l'acquisition de faux documents n'ayant aucune portée.

C'est ainsi que nous voyons le journal *Fakla* s'exprimer comme suit au sujet de cette aventure :

« M. Duca s'est procuré cette lettre à Gênes, chez un agent de l'Internationale détective, moyennant la somme de 1.000 dollars.

« Nous sommes d'avis que non seulement M. Duca est un mauvais ministre, mais aussi un exécrable policier. Le document qu'il s'est procuré ne représente qu'un extrait de la lettre et encore cet extrait est faux, ce qui est facile à constater en le lisant.

« M. Duca a été victime d'escrocs professionnels de l'espionnage et du chantage international. »

L'espion Rotchesco.

Le chef de la bande d'espions, Rotchesco-Bizon, se trouve à Paris où il habite au n° 2, rue Geoffroy-Marie, hôtel « Excelsior »; son bureau se trouve également à Paris, place Saint-Augustin. Son organisation comprend deux Polonais, trois Russes et plusieurs repris de justice. Avant de venir s'établir à Paris, Rotchesco-Bizon « travaillait » à Vienne, où il s'occupait spécialement de la fabrication de faux passeports.

La police parisienne lui a interdit l'accès de plusieurs restaurants et cafés.

En 1920, Bizon, d'après l'information parue dans *Fakla*, fit des offres de service aux Allemands auxquels il proposa l'achat de faux documents russes. Ceux-ci se montrèrent moins confiants que Duca et demandèrent à l'aventurier de justifier l'authenticité des pièces. Or, cela lui fut bien impossible puisqu'elles étaient toutes fausses.

Après cet échec, Rotchesco-Bizon fut expulsé d'Allemagne et vint à Paris où il vendit à l'ancien roi de Grèce, Georges, une fausse lettre de Vénizelos.

Rotchesco-Bizon a des collaborateurs dans tous les pays du monde. Lorsqu'il s'aperçut que le gouvernement roumain entreprenait une campagne sérieuse contre le parti paysan, il conçut l'idée de confectionner une lettre soi-disant écrite par le camarade Rakovsky.

Le même journal *Fakla* explique comment la lettre en question fut fabriquée. Les « spécialistes » au service de Bizon réussirent à imiter l'écriture de Rakovsky et la fameuse lettre fit son apparition. Un des collaborateurs de Rotchesco-Bizon, Trandoufaresco, devait toucher à titre de rémunération pour cette affaire la somme de 50.000 leis. N'ayant pas touché ses « honoraires », Trandoufaresco adressa de Paris une lettre à la rédaction du journal *Fakla*, déclarant qu'il était l'auteur de la lettre vendue à Duca.

Dans son numéro du 3 novembre, le même journal dénonce Rotchesco-Bizon, espion à la solde du gouvernement roumain, dans les termes suivants :

« Rotchesco-Bizon, espion international bien connu, était pendant la guerre au service du bureau d'informations de l'état-major de l'armée roumaine. Beaucoup d'officiers démobilisés se souviennent de ce personnage, une simple friponille qui n'avait même pas le talent d'un bon espion, ce qui ne l'empêcha pas de servir plusieurs gouvernements à la fois.

« La guerre finie, Rotchesco-Bizon, déjà gravement compromis, se rendit à Vienne et se mit à la disposition de l'ambassade roumaine. Il séjourna dans cette ville pendant plusieurs années, s'appliquant à la fabrication des faux.

« De concert avec le célèbre Radoy, représentant de la sûreté roumaine à Vienne, il organisa le complot contre la personne du roi... De même il fut mêlé à plusieurs autres entreprises louches montées en Allemagne et en Autriche.

« Ce furent des histoires de faux passeports, de conspirations d'espionnage, etc., où notre héros se montra assez habile pour maintenir à la fois un certain contact avec le gouvernement soviétique et avec la sûreté générale roumaine. »

Le but.

La lettre de Rakovsky était nécessaire au gouvernement roumain pour plusieurs raisons :

1° Afin de compromettre le prestige du parti paysan aux yeux des masses paysannes et d'empêcher en même temps le parti national de se lier au parti paysan;

2° En vue d'atténuer la campagne entreprise à l'étranger à propos de la question bessarabienne et du procès de Tatar-Bounar;

3° Pour compromettre Rakovsky aux yeux de l'opinion publique des pays occidentaux. En effet, Rakovsky avait pris alors part à la polémique au sujet du problème bessarabien et venait de publier une brochure consacrée à cette question (1).

II. Le roman de M. Tataresco.

Le journal officiel du parti gouvernemental, *Vitorul*, dans son numéro du 13 août 1925, annonça que le ministre de l'Intérieur roumain, M. Tataresco, était en possession de renseignements fort sensationnels et qu'il se proposait de les communiquer à la presse à l'occasion des récentes manifestations antisémites.

Après avoir donné des explications au sujet de la loi martiale proclamée

(1) Cette brochure a été traduite en français : *Roumanie et Bessarabie*, par Christian Rakovsky (Paris, Librairie du Travail, 1925).

dans les provinces nouvellement annexées, le ministre de l'Intérieur déclara ce qui suit :

« L'agitation et les désordres sont dus aux ennemis de notre nation, prêts à employer tous les moyens possibles pour arriver à leur but. Il m'est facile de démontrer que nous avons constaté, lors des dernières manifestations, l'influence exercée par les provocateurs au service de nos ennemis.

« Chargé de maintenir l'ordre et la sécurité du pays, je suis en mesure de prouver que les émissaires de la IIIe Internationale s'efforcent d'intensifier l'agitation et de susciter des désordres au moyen d'une propagande antisémite. Voici ce qui est dit littéralement dans un des rapports du « Secrétariat international communiste pour les pays balkaniques », tombé entre les mains de notre sûreté générale

« La défaite que nous venons d'essuyer à Tatar-Bounar doit attirer toute » notre attention quant aux événements de Roumanie. La classe paysanne qui » participe activement à la lutte politique, est hostile au communisme; la » classe ouvrière est inactive et manque d'organisation; l'armée obéit aveuglé- » ment aux officiers. Le seul moyen efficace de préparer la révolution est la » propagande antisémite qui peut diviser le pays et faciliter l'avènement de » la révolution. Le terrain pour organiser cette propagande est assez bien » préparé. »

« Je puis ajouter, en outre, que les dernières directives adressées par le bureau du Komintern aux cellules communistes de Roumanie, enjoignent aux membres de ces dernières de prendre part à toutes les manifestations antisémites et à toutes les bagarres en vue de provoquer à la fois les Roumains et les Israélites.

« Ainsi, nous nous trouvons en présence de la politique bien connue poursuivie par la IIIe Internationale et consistant à se servir, dans tous les pays et plus particulièrement chez nous, des mouvements de nature à nuire à l'unité de l'Etat.

« Les forces obscures d'Outre-Dniester tendent à accentuer dans notre pays les conflits entre la population et les pouvoirs publics, à décomposer l'armée, à détruire l'unité morale du peuple et à intensifier le désaccord parmi les divers groupes de la classe dominante. Une attention toute particulière est attribuée à l'accroissement de toute propagande pouvant rompre l'équilibre social et déchaîner l'anarchie. »

Ainsi s'exprima M. le ministre de l'Intérieur à propos des manifestations antisémites.

Ces manifestations — toute l'histoire des vieux partis bourgeois roumains le prouve — eurent tout l'appui du parti gouvernemental de Bratiano, et furent même peut-être provoquées par ce parti, en vue d'utiliser, comme d'habitude, l'arme puissante de l'antisémitisme dans la lutte politique.

En l'occurrence, on se servit de ces manifestations pour justifier les nouvelles restrictions des libertés politiques.

Malheureusement, cette fois, le mouvement antisémite prit des proportions trop inquiétantes et se compliqua du fait que M. Guernut, secrétaire de la Ligue française des Droits de l'homme, venu en Roumanie pour une série de conférences, fut empêché, par les antisémites, de prendre la parole à Bucarest.

Les articles de M. Guernut, parus dans la presse européenne et consacrés au « pays où Bratiano règne et où les antisémites gouvernent » déterminèrent le gouvernement roumain à prendre quelques mesures pour mater l'antisémitisme.

D'autre part, en étendant la loi martiale sur plusieurs provinces, le gouvernement roumain remporta du même coup des avantages incontestables :

1° Il brida la campagne électorale en vue des élections des Chambres agricoles (campagne qui se termina néanmoins par la défaite du gouvernement);

2° Il réussit à empêcher les partis d'opposition bourgeoise de faire un front unique avec les communistes roumains, comme cela avait été proposé par ces derniers;

3° Il put supprimer aisément toutes protestations contre la politique d'oppression en Bessarabie.

Quant aux insinuations à l'égard de l'Internationale Communiste et à la tentative d'associer son nom à la propagande antisémite, toutes ces manœuvres n'avaient qu'un seul but : coaliser tous les partis bourgeois contre l'ennemi commun.

Le gouvernement de Bratiano, en attaquant le Komintern et Moscou, réussit à détourner pour un moment l'attention de la presse et de l'opinion publique de la politique intérieure.

Ce furent surtout le journal *Universul*, très répandu dans le pays, et le plus grand journal roumain *Adevarul* qui consacrèrent tous les jours leurs éditoriaux aux déclarations du ministre de l'Intérieur et à la propagande acharnée contre les communistes et le Komintern.

L'ARSENAL DE DROUJELOWSKY ET Cie

И. К. К. И.

Центральная Секция

ОТДЕЛ

ВНЕШНИХ СНОШЕНИЙ

19

№

МОСКВА

Cette feuille à en-tête falsifié a été trouvée chez Dronjelovsky au cours d'une perquisition. C'est sur une feuille identique que fut fabriquée la fameuse instruction de l'Internationale Communiste dont se servit le gouvernement Tsankov pour accuser Moscou d'avoir fomenté l'insurrection bulgare.

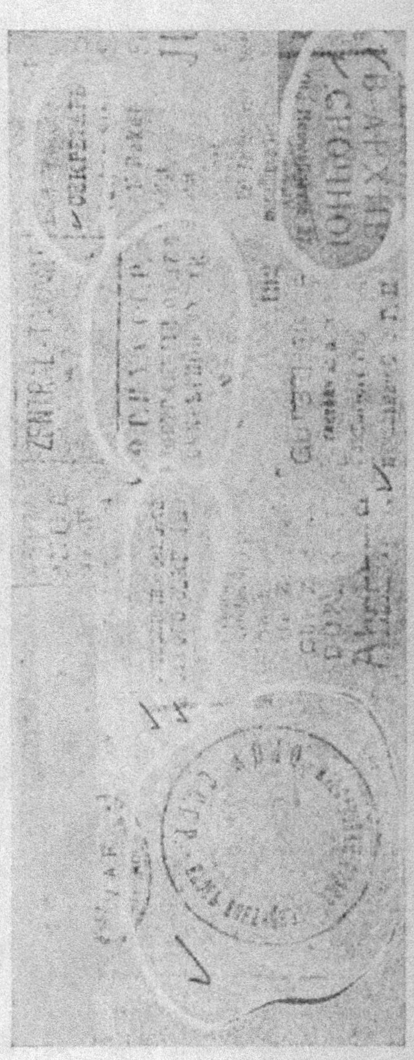

Les en-têtes, timbres, cachets groupés sur les deux planches ci-dessus, ainsi que sur la planche de la page suivante, ont été saisis par la police berlinoise au cours de perquisitions effectuées chez le faussaire Droujélovsky. On en retrouve la plupart sur un grand nombre de faux documents ayant circulé en Angleterre, en Pologne, en Bulgarie, etc., etc., utilisés par les gouvernements ou par la presse à des fins contre-révolutionnaires et anti-soviétiques.

КОНТРОЛЬ

Kontrolle

Le timbre n° 8 (en bas, à gauche) figure généralement sur le papier à en-tête du Komintern confectionné par Droujelovsky. C'est une mauvaise imitation de l'emblème soviétique officiel.

Le timbre n° 9 (en bas, à droite) imite grossièrement le timbre du Soviet de Moscou. Pour lui donner un air d'authenticité, Droujelovsky a cru devoir l'agrémenter de trois étoiles qui tiennent lieu de l'inscription officielle : « Soviet des députés ouvriers et paysans de Moscou. » Il figure sur diverses pièces attribuées par les faussaires à l'Exécutif du Komintern. (Voir à la page suivante le véritable timbre du soviet de Moscou.) »

LE VERITABLE EMBLEME OFFICIEL DU SOVIET DE MOSCOU

Tel est l'emblème officiel du Soviet de Moscou qui, fortement modifié (les lettres R. S. F. S. R. sont supprimées, de même que le texte : « Soviet des Députés des Ouvriers, des Paysans et des Gardes-Rouges de Moscou » qui est remplacé par trois étoiles), figure sur un grand nombre de faux documents fabriqués par Droujelovsky

LES FAUSSAIRES
EN BULGARIE

LE FAUX TSANKOV

Cette pièce fut publiée après l'explosion de la cathédrale de Sofia (avril 1925), par le gouvernement Tsankov; elle fut lue par Tsankov lui-même au Parlement, en vue d'obtenir de l'Entente l'autorisation d'augmenter les effectifs de l'armée bulgare et de justifier devant l'opinion mondiale l'extermination des communistes ainsi que de toute l'opposition.

Ce « document » devait prouver que le Komintern s'occupait activement à organiser des détachements d'insurgés et préparait une action coordonnée des communistes roumains, polonais, tchécoslovaques et balkaniques en vue de constituer un front communiste unifié en Europe Méridionale après la moisson de l'année courante.

[illegible] в деталях 15 марта с.г. (см. секр. инстр. [illegible] -полит. секр.-операт. отд. № П.1356/К.Бг.)

Согласно данной инструкции Балканскому Оперативному Центру надлежит в отношении руководительства общеполитическим положением добиваться, путем углубления революционных действий повстанческих групп таковых результатов, которыми вызвалось бы неизбежное падение Цанковского кабинета и создавалась бы в отношении нового кабинета, если он не будет сменен немедленно Революционным Правительством, ситуация [illegible] политической амнистии, которую [illegible] не учесть [illegible] наиболее могущественное пополнение наших активных кадров.

Мерой, способствующей реальному ускорению падения Цанковской власти, может явиться возможное, обязательно одновременное, полное физическое устранение от дел всего Цанковского кабинета, разработанное в детальном плане, изложенном в отношении Центр.Упр.Балкан. Опер.Отд. от 3 апреля с.г. за № 465/М (см. канц. [illegible] дело № 13/[illegible])

В дополнение к данному Председателю Центр.Упр.Балк.Оп.Отд. предлагается уделить лично особенное внимание при отдании приказа о проведении [illegible] Ц.У.Б.О. за № 465/М от 3 апреля с.г. в исполнение по отношению к Премьеру Цанкову, [illegible] [illegible] его роли в [illegible] выступлении, ген. [illegible], [illegible] что он руководитель переворота июня 1923 г. и, независимо от названных, [illegible] в случае образования нового кабинета, при котором можно ожидать лишь [illegible] только [illegible] Балканского вопроса, а не коренного его решения.

В отношении вопросов, касающихся составления Революционного Правительства Болгарии Балканскому Оперативному Центру надлежит связаться с [illegible] крестьянской [illegible] Рустемым.

Кроме того Исполком Коминтерна предписывает т. Дмитриеву уведомить [illegible] т. [illegible] о месте личной встречи в одном из [illegible] пунктов маршрута для принятия от т. [illegible] [illegible]

* Document scandaleusement faux. Il ressemble à tous ceux qui furent confectionnés par Droujelovsky.

1° Le Comité exécutif du Komintern ne se trouve nullement au Kremlin, mais à côté, à l'angle des rues Vozdvijenka et Mokhovaia;

2° Le Parti Communiste russe n'a pas de délégation à l'étranger, mais des cellules composées des membres du Parti, attachés aux diverses institutions soviétiques de l'étranger. Ces cellules n'ont pas de présidences, mais des bureaux directeurs élus par les membres de la cellule;

3° Aucun timbre ne figure sur le papier à en-tête du Komintern.

4° Il n'existe pas de section du contrôle général;

5° Les partis communistes, y compris celui de Pologne, sont dirigés par les comités centraux et non par des comités exécutifs centraux;

6° Il existe en réalité une Fédération Communiste Balkanique et non pas un centre d'action balkanique;

7° Le camarade Dmitriev chargé, d'après le document, de la « direction de toutes les opérations de guerre, tant à l'extérieur qu'à l'intérieur, de nature politique et militaire », de concert avec le « camarade Rytcher » (lequel n'a jamais existé), se trouve depuis février 1925 à Moscou et n'a pas quitté un seul jour, depuis lors, le territoire de l'U. R. S. S.;

ружения 15-ти испытанных инструкторов боевого польско-повстанческого кадра.

По тому же поводу т.Димитрову надлежит войти в связь с т.Вчер. передавшими, согласно условию от 10 до 15 инструкторов повстанческого кадра чехо-словацких группировок.

Исполком Коминтерна доводит до сведения Балканского Оперативного Центра, что указанному польско, чехо-словацкому инструкторскому кадру надлежит перейти югославскую границу, согласно руководительства Балк.Операт.Центра для сосредоточения и подготовки болгарского кадра к моменту одновременного румынско, польско, чехо-словацкого и югославянского выступления [illegible] Ср.Европы, намеченного к периоду окончания сбора хлебов текущего года.

В отношении [illegible] инструкторскому повстанческому кадру, не переданному Балк.Операт.Центром в распоряжение Комитета II, надлежит указать, что вербовка членов для организации новых повстанческих групп должна производиться на базисе учета участия родственных связей в апрельском выступлении и главным образом, на тех элементах, которым пришлось делу апрельского выступления пожертвовать своими близкородственными семьями, подвергнутыми [illegible] заключения или казненными [illegible].

В отношении денежных сумм Исполком Коминтерна настоящим извещает Балк.Операт.центр, что помимо обычного порядка денежных поступлений касса Балк.Операт.центра усиливается новыми поступлениями Мопр'а от Европ.Полпредств Коминтерна.

По Постановлению Исполкома Коминтерна

Генеральный Секретарь Коминтерна

8° Le camarade Jossefovitch, avec lequel le camarade Dimitrov aurait dû se rencontrer à l'étranger, préside le Syndicat russe des ouvriers du cuir : il n'a jamais participé aux travaux du Komintern et se trouvait à Moscou à l'époque indiquée.

9° Le Comité exécutif de l'Internationale Communiste dirige l'action politique des partis adhérents et ne s'occupe pas d'organiser des groupes d'insurgés ni des cadres d'instructeurs, car il ne préconise que la lutte politique et économique des masses populaires;

10° Depuis le 5e Congrès du Komintern (juin-juillet 1924), le Comité exécutif de ce dernier n'a plus de secrétaire général, ce que le faussaire, évidemment, ignorait;

11° Stuart, dont la signature, en tant que secrétaire général de l'Exécutif du Komintern, figure au bas du document, n'a jamais été ni secrétaire général ni simple secrétaire du Komintern. Si le faussaire a visé l'Anglais Stewart, membre du Comité exécutif, il est mal tombé, car celui-ci avait depuis longtemps quitté Moscou

MOSCOU-KREML
Le 22 avril 1925
N° 927 NO

STRICTEMENT
CONFIDENTIEL
Copie N° 3

Au Commandant du Centre d'action balkanique
Ordre N° 8, III J. 25

Copies aux délégations du Parti Communiste russe à l'Etranger, Varsovie, Prague, Berlin, Vienne, Bucarest, Constantinople, Athènes.

Les événements qui se déroulent en Bulgarie aboutissent à la transformation de la lutte des partis en une action directe organisée par nos camarades qui soutiennent une véritable guerre civile où périssent inévitablement les meilleures forces du Parti. En présence de ce fait et en vue de coordonner toute l'action tactique et stratégique des forces du front communiste des Balkans, le Comité exécutif de l'Internationale Communiste (Komintern) décide de charger le camarade Dmitriev, en tant que délégué plénipotentiaire de la Fédération communiste balkanique près du Comité exécutif du Komintern, de la direction de toutes les opérations de guerre, tant à l'extérieur qu'à l'intérieur, de nature militaire et politique; le camarade Dmitriev assumera à cet effet la charge de chef du Centre d'action balkanique.

Le Comité exécutif du Komintern informe la Section d'opérations du Centre balkanique que, conformément à la décision du Comité exécutif du 17 avril de l'année courante, N° 4383/O. O. N. le général d'état-major Krasovsky est nommé chef d'état-major.

Le camarade Dmitriev devra se rendre immédiatement au lieu de ses nouvelles fonctions.

Tout en s'en remettant à l'expérience et à la volonté inflexible du camarade Dmitriev qui saura diriger le front communiste unifié des Balkans, le Comité exécutif du Komintern croit devoir à son tour indiquer au Centre d'action balkanique le programme élaboré en vue de permettre au Komintern de diriger la politique générale de l'Union communiste des Slaves paysans et ouvriers des pays d'Europe (voir la Politique internationale secrète, section d'opérations secrètes, N° B, 1368/K. 25.

Conformément aux directives politiques générales données au Centre d'action balkanique, il importe de créer, par suite de l'intensification de l'activité des groupes d'insurgés, une situation qui rendrait inévitable la chute du cabinet Tsankov et obligerait le nouveau cabinet, si le pouvoir n'était pas pris par le Gouvernement révolutionnaire, à proclamer l'amnistie politique qui contribuerait puissamment à compléter nos cadres par des éléments actifs.

Afin d'accélérer la chute du Gouvernement Tsankov, on pourrait suggérer de supprimer simultanément, coûte que coûte, tous les membres du cabinet; le plan détaillé de cette opération a été élaboré par la Direction centrale de la Section particulière balkanique et exposé dans sa circulaire du 3 avril dernier, N° 465/M. (Voir secrétariat de la Section balkanique, dossier N° 18, Mos.)

Le président de la Direction centrale de la Section particulière balkanique est invité, au moment où l'ordre en sera donné, à mettre en pratique le plan que la D. C. P. B. du 3 avril dernier, N° 465/M., à consacrer personnellement toute son attention sur son application rigoureuse à l'égard du premier ministre Tsankov, du ministre des Affaires étrangères Kalfov, vu son rôle au cours des événements d'avril, du général Lazarev, organisateur du coup d'Etat de juin 1923, et enfin de M. Malinov, candidat éventuel au poste de premier ministre, en cas de constitution d'un nouveau cabinet qui retarderait seulement la solution du problème balkanique.

Pour tout ce qui concerne la composition du Gouvernement révolutionnaire de Bulgarie, le Centre balkanique devra s'adresser au membre de la fraction paysanne, Roustov. En outre, le Comité exécutif du Komintern invite le camarade Dmitriev à fixer par télégramme un rendez-vous au camarade Jouséfovitch en un point quelconque de son itinéraire, pour que ce dernier mette à sa disposition quinze instructeurs expérimentés appartenant aux cadres insurrectionnels polonais.

Dans cet ordre d'idée, le camarade Dmitriev devra se mettre également en rapport avec le camarade Eytcher qui mettra à sa disposition, comme il a été convenu, de dix à quinze instructeurs appartenant aux cadres insurrectionnels tchécoslovaques.

Le Comité exécutif informe par les présentes le Centre d'action balkanique que les instructeurs polonais et tchécoslovaques devront, d'accord avec le Centre, passer la frontière yougo-slave afin d'organiser les cadres bulgares, en vue d'une action coordonnée des communistes roumains, polonais, tchécoslovaques et balkaniques du front communiste de l'Europe méridionale, prévue pour la fin de la moisson.

En ce qui concerne les directives à donner aux instructeurs chargés d'organiser l'insurrection et appartenant aux cadres qui ne seront pas mis par le Centre d'action balkanique à la disposition du Comité, il faut préciser qu'on doit surtout tenir compte, en complétant les cadres, du rôle joué au cours de l'insurrection d'avril par les membres des familles des nouvelles recrues, et s'appuyer plutôt sur les éléments dont les parents ont été emprisonnés ou assassinés par Tsankov.

Quand aux fonds nécessaires, le Comité exécutif informe le Centre d'action balkanique qu'en dehors des fonds ordinaires, le montant intégral des collectes du MOPR (1), encaissé par les représentant plénipotentiaires du Komintern en Europe, est mis à la disposition de la caisse du Centre d'action balkanique.

Pour le Comité exécutif du Komintern :

Le secrétaire général du Komintern :
STUART.

1) Secours rouge.

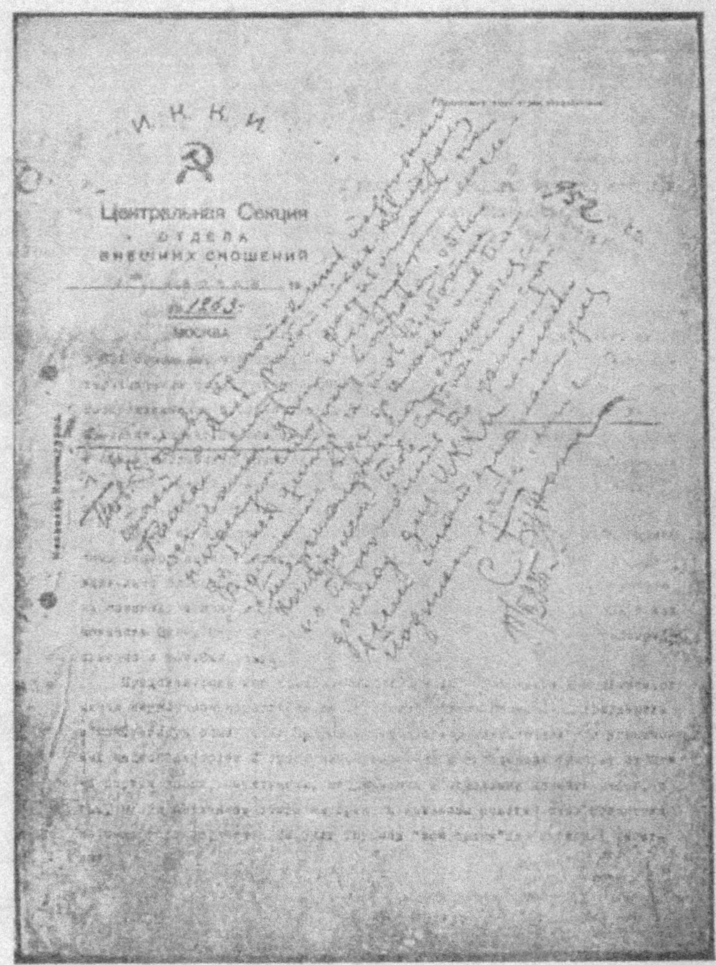

И. К. К. И.

Центральная Секция
Отдела
внешних сношений

№1263
Москва

Pièce rédigée sur du papier à en-tête falsifié du Komintern, identique à celui qui a été saisi chez Droujelovsky, au moment de son arrestation.

Ce faux appelle les quelques observations suivantes :

1° Ni le marteau, ni la faucille, ni aucun emblème ne figurent sur le papier à en-tête du Komintern.

2. Il n'existe au Komintern aucune « Section centrale — département des relations extérieures ».

3° Le Komintern ne possède aucune « représentation plénipotentiaire ».

4° Les organes directeurs se trouvant à la tête des partis communistes, sont des Comités centraux et non pas des Comités exécutifs centraux.

5° Les mots « Ispokom du Komintern » (Comité Exécutif de l'Internationale Communiste) apposés en marge de la pièce en question, ne figurent pas sur le papier à en-tête du Komintern.

6° L'Internationale Paysanne n'a pas de représentation particulière au Comité exécutif de l'Internationale Communiste.

7° Le poste de secrétaire général du Komintern est supprimé depuis le 5e Congrès (juillet 1924).

8° Le nommé Dorot ne fut jamais secrétaire général, ni secrétaire du Komintern; ce nom a été inventé par le faussaire.

9° Le timbre « Contrôle » ne figure jamais sur les pièces émanant du Komintern.

Das kommunistische Geheimdokument

Mobilisation — Verkündung des Aufstandes — Bewaffnete Aktion Rücksichtslose Durchführung

Der kommunistische Umsturzversuch in Bulgarien kann z. Zt. als gescheitert gelten, obwohl noch immer Nachrichten über neue Attentate eintreffen. Wie groß und ernsthaft die Gefahr war, die leicht den ganzen Balkan und in Verbindung damit wieder Europa von neuem hätte in einen Krieg reißen können, zeigt nachstehender Auszug aus dem Geheimdokument.

C. E. J. C.	Proletarier aller Länder
Zentralbüro d. Abteilung	vereinigt euch
für auswärtige Angele-	Unbedingt geheim
genheiten	Nach Ausführung zu
12. März 1925	vernichten
Nr. 2560 Moskau	Für den Kameraden
	Boujansky

Gemäß dem Befehl der Kommunistischen Föderation der Balkanländer bei der C. E. J. C. vom 12. März setzen wir Sie von folgendem in Kenntnis:

1. Vom 15. April ab sind alle Arbeiter die unter der Kontrolle der Zentrale der Balkanländer stehen, zu

mobilisieren.

3. Die Vorsteher der Waffenlager welche für die Waffenversorgung angelegt sind, sollen für den 15. 4. mittag

die Verteilung der Munition

in ausreichenden Mengen für jeden Bezirk vorbereiten gemäß den Anweisungen der einzelnen Bezirksvorsteher.

4. Die Verteilung der Waffen soll in der Nacht vom 15. und 16. 4. erfolgen und die Waffen sollen unter der Obhut der Gruppenführer von je 10 Leuten unter ihrer persönlichen Verantwortung bleiben.

5. Der

Tag und die Stunde der Verkündung des Aufstandes

sollen gemäß den Anweisungen des Aktionskommitees, durch die für jeden Bezirk ernannten Persönlichkeiten entsprechend der örtlichen Verhältnisse erfolgen.

6. Die taktische Ausführung des Befehles wird in unbedingter Zusammenarbeit mit den den Bezirksvorstehern

bekannten Kriegsplänen

erfolgen.

7. Die Stoßtrupps von 3, 5 und 10 Mann sind gehalten, ihre Operationen mit Gruppen von armen Bauern gemeinsam auszuführen, und zwar nach den gleichen Plänen aber auf einer anderen Basis.

8. Bei der Durchführung bewaffneter Aktionen müssen die Stoßtrupps die Leitung für die Kampfgruppe der Bauern übernehmen, wobei sie in allen Fällen gehalten sind, rücksichtslos für die Durchführung der Pläne zu sorgen, die von den oberen Organen der in Frage kommenden Instanzen angeordnet sind.

9. Die Mitglieder der Kampftrupps der Bauern und Arbeiter, deren Erhebung zusammen mit den Vorstößen der mazedonischen Gruppe Ou . . . erfolgen sollen, sind darauf hinzuweisen, daß

der geringste Verstoß gegen die Kriegsbefehle mit dem Tode bestraft wird.

Die Anordnungen müssen unverzüglich den Organen, die mit dem Code Al—s arbeiten, bekanntgegeben werden. Auf Befehl des Exekutiv-Ausschusses der Comintern.

Der Generalsekretär der Abteilung für auswärtige Angelegenheiten

A. Dorot.

Kontrolliert.

2. Sektion J. C. S. A. S. Ch. O. O. G. S. K.

Auf diesem Dokument befand sich folgende Handbemerkung:

An den Genossen Zotoff!

Unterrichten Sie unverzüglich den Genossen Yantcheff von den Befehlen. Uebersetzen Sie die Anweisungen nach dem Code Al—s in einer ausreichenden Zahl von Exemplaren. Uebergeben Sie die Papiere dem Büro zur geheimen Ausfuhr.

Aufzubewahren in meinem persönlichen Archiv Seite II.

19. März 1925. S. Boujansky.

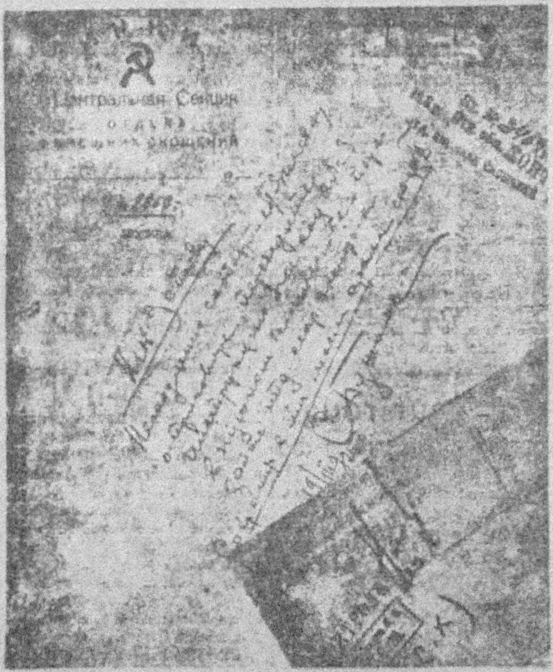

Das geheime Revolutionsdokument.

(siehe nebenstehenden Text)

Le fameux *prikaz* (ordre) n° 2560 de l'Internationale communiste reproduit par la presse allemande.

Le document-massue de Tsankov.

On se souvient que, d'après une information que l'Agence bulgare télégraphia dans le monde entier, le gouvernement bulgare aurait saisi un « ordre de la IIIe Internationale Communiste » adressé au Parti communiste bulgare et enjoignant à ce dernier de déclencher, le 15 avril 1925, une insurrection armée.

Les journaux bulgares ne manquèrent pas de reproduire en fac-similé le texte de ce « document », ce qui nous permet d'admirer la stupidité des coquins qui l'ont fabriqué. Voici le texte de ce « document » :

PROLETAIRES DE TOUS LES PAYS, UNISSEZ-VOUS

COMITÉ EXÉCUTIF DE L'INTERNATIONALE COMMUNISTE
(Effigie de la faucille et du marteau)
SECTION CENTRALE DU DÉPARTEMENT DES RELATIONS EXTÉRIEURES

Moscou, le 22 mars 1925 (N° 2080).

A détruire après exécution.

Comme suite à la décision de la Fédération communiste balkanique près le Comité exécutif de l'Internationale communiste du 12 mars dernier, nous vous informons que vous devez, aussitôt après réception des présentes, entrer en rapport avec le président du contrôle de notre section près le « Oouena Oïouka Taoueb » et que la Fédération communiste balkanique a ratifié par sa dite décision celle du « Oouena Oïouka Taoueb » de Macédoine en ce qui concerne l'exécution de Roussinov et Gargitch; dans cet ordre d'idées, la Fédération communiste balkanique se déclare prête à charger de l'exécution de cet arrêté les camarades Motko et Kachemirov, militants éprouvés de la section terroriste .

En outre, et conformément à ladite décision, nous devons porter à la connaissance de tous nos camarades du contrôle du Centre balkanique se trouvant à votre disposition, ce qui suit :

1° Tous les militants du contrôle du Centre balkanique sont mobilisés à partir du 15 avril,

2° Ceux d'entre eux qui sont organisés en groupes de 3, 5 et 10, doivent le 15 avril, à midi au plus tard, faire part de l'ordre de mobilisation à tous les camarades se trouvant sous leurs ordres, et leur faire savoir le plan de distribution du travail, tel qu'il est établi dans l'instruction du Comité exécutif de l'Internationale Communiste du 10 mai 1924, n° 27.001.

3° Les camarades chargés de la direction des dépôts d'armes doivent prendre des dispositions, pour le 15 avril à 1 heure de l'après-midi au plus tard, distribuer des armes en quantité nécessaire pour chaque région conformément aux demandes des chefs.

4° Les armes doivent être délivrées dans la nuit du 15 au 16 avril et seront gardées par les chefs de groupes de 10, sous leur responsabilité personnelle.

[Les articles 5, 6, 7 et 8 contiennent des indications détaillées concernant les buts devant être poursuivis par les divers groupes de combattants en vue de la réalisation du plan général].

9° Les membres des organisations de combat paysannes et ouvrières, dont l'action sera coordonnée avec celle de « Oouena Oïouka Taoueb » de Macédoine sont prévenus que la moindre infraction aux ordres reçus sera sur place punie de mort.

[L'article 10 concerne le service de liaison entre les groupes].

Les présentes instructions doivent être immédiatement portées à la connaissance des groupes locaux aux moyens du Code A. L. Z., après quoi elles seront immédiatement détruites.

Pour le Comité exécutif de l'Internationale Communiste,

Le Secrétaire de la Section des relations extérieures,
A. Dorot.

L'inscription manuscrite suivante figure en travers de la pièce.

Comité Exécutif de l'Internationale Communiste
(Effigie de la faucille et du marteau)
Section Centrale du Département des relations extérieures
N° 2.060 : MOSCOU, camarade ZOTOV.

Faites immédiatement connaître l'arrêt au camarade Yantchev, faites traduire l'instruction en employant le code A.L.Z. en nombre d'exemplaires nécessaire, que vous remettrez ensuite à la section d'exportation secrète.
A conserver dans mes archives personnelles.

S. BOUJANSKY.

19 mars 1925.

Inscrit au registre sous le n°346/a 1925. Département du Contrôle général, Département des relations extérieures.

Ainsi les faussaires, nullement découragés d'avoir été démasqués, continuèrent à se servir du papier à en-tête falsifié, sans s'arrêter devant le fait que le Komintern, organisation essentiellement mondiale, ne peut avoir un « Département des relations extérieures », les partis communistes constituant de simples sections et n'ayant aucune existence extérieure à lui; pour comble d'impudence, ils signèrent leur document du nom d'un certain Dorot, personnage fantastique, n'ayant jamais existé.

Sans sourciller, les faussaires condamnent à mort un personnage absolument inconnu et désignent même les exécuteurs de cette imaginaire sentence. Pour impressionner le public et communiquer à leur œuvre un caractère mystérieux, ils se servent de mots forgés à plaisir « *Ouèna, Olouka, Tuoueb* » et mentionnent le « Code A. L. Z. », etc.

« La Section centrale prescrit à la Section balkanique de transmettre ces instructions aux intéressés par code, tout en rédigeant elle-même ses instructions en bon russe, afin, probablement, de permettre à la bande de faussaires d'en prendre connaissance.

C'est ce qui permit de dévoiler le complot. Et au moment précis où le gouvernement Tsankow mobilisait toutes ses forces de répression et de provocation, où, sous prétexte de « complot », il soumettait à d'atroces représailles des milliers d'ouvriers et de paysans, où, dans les villes, les campagnes et les forêts, il faisait fusiller ces malheureux dans la rue comme des chiens, — c'est à ce moment que le gouvernement Tsankov publiait un « ordre » de l'Exécutif du Komintern décrétant l'insurrection et rédigé sur une feuille de papier à en-tête falsifié fabriquée à Berlin!

Il faut avouer que le moment était bien choisi et que la découverte produisit un effet extraordinaire. Comment, en effet, l'histoire des faux en-tête découverts à Berlin eut-elle été connue de la petite bourgeoisie bulgare? La presse communiste et toute la presse indépendante étaient bâillonnées. Personne, en Bulgarie, n'osait écrire librement. Et, plus tard, lorsque la falsification fut prouvée, il était trop tard, le gouvernement avait atteint son but.

La presse entière s'empressa de reproduire le document. Et tous les journaux qui émirent quelques doutes sur l'authenticité de la lettre, présentèrent celle-ci comme une pièce authentique. Quelques correspondants de journaux étrangers, largement stipendiés par Sofia, annoncèrent la découverte sensationnelle. On ne se lassait pas de présenter la Bulgarie comme la malheureuse victime des machinations diaboliques du Komintern et, bien entendu, de la Russie soviétique. Heureusement, Tsankov était là! Attaqué de l'extérieur, attaqué à l'intérieur, le gouvernement bulgare, dans une habile volte-face, avait contre-attaqué ses agresseurs, puis, « l'ordre de Moscou » dans une main, se frappant la poitrine de l'autre, Tsankov s'était écrié : « Voyez quel danger nous menaçait! Heureusement, que nous avons eu suffisamment de résolution et d'énergie pour le vaincre! »

Et voilà Tsankov autorisé par la Conférence des Ambassadeurs à augmenter provisoirement l'effectif de son armée.

Au surplus, pourquoi notre homme se serait-il gêné? Le succès obtenu par les conservateurs anglais avec la fausse lettre de Zinoviev, n'était-il pas le meilleur des encouragements?

Encore un document-massue.

Rien de plus facile à démontrer que la fausseté du document, dont nous empruntons le fac-simile au quotidien de langue française la *Bulgarie*, qui paraît à Sofia, et au *Journal* de Paris.

En effet :

1° Le Komintern ne possède pas de représentation plénipotentiaire;
2° Les adresses indiquées pour l'expédition des fonds n'existent pas;
3° Le poste de secrétaire général de l'U. R. S. S. n'existe pas, il y a un secrétaire général du Conseil des Commissaires du Peuple, et c'est tout;
4° Les pièces du Commissariat du peuple pour les Affaires étrangères ne portent jamais la signature du secrétaire général du Conseil des commissaires du peuple.
5° Le papier employé par le Narkomindel (Commissariat du peuple pour les Affaires étrangères) porte l'en-tête : « Commissariat du peuple pour les Affaires étrangères » et non pas « Commissariat du peuple aux Affaires étrangères ».
6° Le siège du Narkomindel n'est pas au Kremlin, mais à la Grande Loubanka.

[illegible] 544 — Le numéro 1 lev

BULGARIE

OURNAL QUOTIDIEN

Directeur : N. P. NICOLAEV

Bureaux du journal : 5, Moskovska —
Adresse télégraphique : LA BULGARIE —
Téléphone : [illegible]

LES SUBVENTIONS MOSCOVITES

Un nouveau document bolchéviste. — C'est le Commissariat des affaires étrangères qui envoyait de l'argent aux conspirateurs

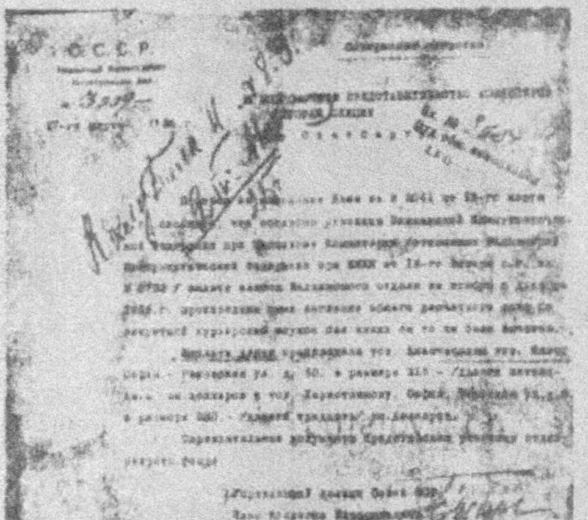

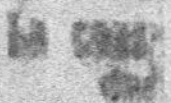

Strictement confidentiel

Union des républiques
socialistes soviétiques
—
Commissaire du peuple
aux affaires étrangères
№ 309
27 mars 1925

Au bureau du représentant plénipotentiaire du Comintern, deuxième section.

Au compagnon Skhetbari,

En réponse à Votre lettre №2061, en date du 18 mars a. c., nous vous communiquons que conformément aux instructions de la Fédération Communiste balkanique, par le Comité Exécutif de l'Internationale communiste (voir sa lettre № 3782 du 16 janvier a. c.), nous avons payé les [illegible] du service de la [illegible] de la Section Balkanique pour les mois de novembre et décembre 1924 conformément à la feuille de paie se rapportant au service des courriers secrets, sans faire aucune retenue.

Le compagnon Anastassoff a remis cet argent au compagnon Yasoff (à l'adresse : Sofia, rue Rakovsky, № 60) qui a reçu 115 dollars américains et au compagnon Karastoianoff (Sofia, rue Targovska, № 3) qui a reçu 230 dollars américains.

Les reçus ont été présentés au service du contrôle des fonds secrets.

P. p. du Secrétaire Général de l'Union des Républiques soviétiques socialistes, Membre du commissariat du Peuple aux affaires étrangères (signé)

Moscou, Au Kremlin.

ÉCHALOTE...

qui a fait les délices des lecteurs du JOURNAL est ressuscitée ! ! ! ! ! La piquante héroïne de Jeanne Landre...

5 HEURE[illegible]

LE JOU[illegible]

PARIS - 100, RUE DE RICHELIEU — 20 C. (N° 11883) — JEUDI [illegible]

LA TECHNIQUE RÉVOLUTIONNAIRE
du communisme soviétique apparait dans les crimes de Bulgarie

Fac-similé d'un document soviétique dont nous donnons plus bas la traduction

[illegible] de tous les démentis [illegible] il n'est pas douteux que les graves désordres qui ensanglantent la Bulgarie ont été provoqués et dirigés par l'Internationale de Moscou. Même si nulle indices ne venaient pas confirmer cette opinion, il suffirait de jeter un regard d'ensemble sur la suite des événements et sur la méthode rigoureuse qui les commande pour identifier une tentative nettement caractérisée de révolution communiste, conforme aux principes de Moscou.

On peut même dire que, de ce point de vue, les événements bulgares offrent un intérêt particulier ; ils nous permettent de suivre sur un exemple concret le développement d'une entrep[illegible]

Les gens [illegible] tables techn[illegible] t ne révolut[illegible] térieure, a[illegible] que comme [illegible] sa mise e[illegible] rie de phases [illegible] trouver dans l'exemple bulgare.

[illegible]

qui jouent toujours un rôle décisif dans l'histoire des peuples : l'indignation soulevée par des cruautés savamment raisonnées et exécutées ; la réaction du bon sens et le réveil de l'instinct de légitime défense dans une population chez laquelle persiste la volonté de vivre dans l'ordre et dans la paix.

Un document accusateur

Voici la traduction d'une lettre dont nous publions plus haut le fac-similé et qui prouve les relations du gouvernement des soviets avec la Fédération balkanique communiste et les communistes bulgares :

[illegible]

En réponse à votre lettre n° [illegible] du 14 mars [illegible]

On acquitte une femme qui tua son mari à coups de fusil et de revolver

Le jury [illegible] dans le monde [illegible] pour sa [illegible] tradition de [illegible] classique browning [illegible] n'avait point [illegible] s'était servie, [illegible] fusil de chasse.

Le drame [illegible] s'était déroulé [illegible] à Milly. Ce jour-là, [illegible] de l'hôtel [illegible] servante-maît[illegible] certaine [illegible] âgée de trente [illegible] de deux coups [illegible] achevé de deux [illegible] mari, parce que [illegible] avoir fait des [illegible] conduite, l'avait giflé[illegible] menacée de son [illegible]

Dans le [illegible] Mme Barfus [illegible] beaucoup plus [illegible] d'ordinaire [illegible] auberge. Le mort [illegible] haine dans son [illegible] elle parle [illegible] voix hostile. [illegible] un mari [illegible] rares moments [illegible] sur son propre sort.

Les témoins assez nombreux représentent les deux clans qui se sont formés dans Milly : les uns tiennent l'accusée pour une martyre, les autres pour une gourgandine. M. Klein, le patron de Mme Barfus, dépose avec un embarras qui n'étonne personne.

M. Huriaux, avocat général, accroît son trouble par une question :

M. Huriaux. — Vous avez entendu les coups de feu. Pourquoi n'êtes-vous pas monté dans la chambre ?

M. Klein. — Dame, quand on entend des coups de revolver, on se sauve.

L'auxiliaire, par des mouvements [illegible]

DES CAMB[illegible] à l'hospice [illegible] et volent [illegible]

L'hospice [illegible] où sont [illegible] des [illegible] de 2.300 vieill[illegible] été, dans la [illegible] credi, le théâtre [illegible] cambriolage.

Les malfaiteurs [illegible] route de Limei[illegible]

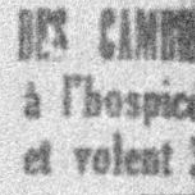

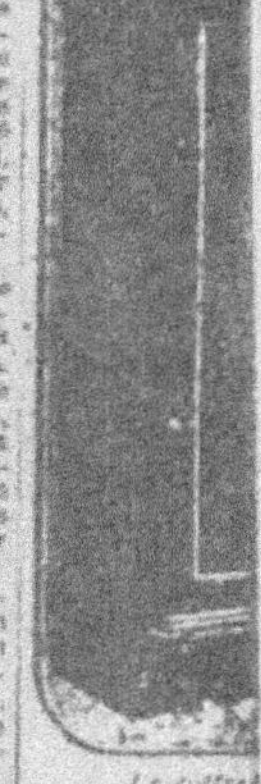

Le coffre[illegible]

Saint-Léger, ils [illegible] sud-est, [illegible] du bâtiment [illegible] versé les deux [illegible] qui séparent [illegible] directorial.

Arrivés à ce [illegible] lades appellent [illegible] thode des cambrio[illegible] singulièrement [illegible] marches d'un [illegible] dans un vestibule [illegible] très qui n'est pa[illegible] clef, peser sur la [illegible] mal, malheureuse[illegible] sistante, et la fe[illegible] ment, ce fut [illegible] pour des malfaite[illegible] [illegible]

Au bout [illegible]

LES FAUSSAIRES
EN ANGLETERRE

AGREEMENT

THE SOCIALIST LABOUR PARTY OF GREAT BRITAIN

[illegible]

FOR THE SOCIALIST LABOUR PARTY — John Henderson

FOR THE SOCIALIST LABOUR PRESS — Thomas Mitchell

Ce que contenait la valise de Singleton.

Le document qui précède, ainsi que ceux qui vont suivre, ont été trouvés dans la mallette apportée par le faussaire Singleton à la mission soviétique à Londres.

Le premier est une convention passée entre trois organisations révolutionnaires fantômes. Son but ? La bolchevisation de l'Angleterre. Rien de moins.

Remarques :

1° « Comité Exécutif Soviétique des ouvriers russes », « Nationale socialiste ouvrière de Hambourg »... peut-on inventer dénomination plus ridicule et sentant davantage la fourberie, la forgerie ? Evidemment, les faussaires sont dénués du sens critique le plus élémentaire.

2° Cette convention (*agreement*) est rédigée de façon à frapper le petit bourgeois poltron et peu exigeant. On y trouve un peu de tout : un complot pour élargir les conflits industriels, une tentative pour corrompre la jeunesse anglaise par la propagation de l'athéisme et la dissolution de la famille; la diffusion de proclamations révolutionnaires et anticléricales au moyen d'envoyés spéciaux; une entente pour l'espionnage militaire au profit d'une organisation fantaisiste : le « Comité exécutif révolutionnaire de Russie et d'Allemagne ». Les femmes des prolétaires ne sont pas oubliées : on devra les initier à la doctrine de la lutte des classes de manière à leur insuffler la haine des capitalistes. On prévoit naturellement une ample distribution de fonds secrets. Et quel étrange salmigondis de comités : « Comité Exécutif d'Angleterre », « Comité Exécutif d'Europe », « Comité Exécutif Révolutionnaire Ouvrier d'Angleterre », etc., etc.

CONVENTION
PARTI OUVRIER SOCIALISTE DE GRANDE-BRETAGNE

La présente convention est conclue entre le Comité exécutif révolutionnaire britannique, représenté par Thomas Mitchell et John Henderson, demeurant à Glasgow, 46, 48 et 50, Renfrew Street, et dénommé par suite Parti Ouvrier Socialiste et Bureau de Presse Ouvrière Socialiste, — d'une part, et les représentants du Comité exécutif du Conseil des Ouvriers russes et de la Nationale Ouvrière Socialiste, à Hambourg (Allemagne), — d'autre part.

Entre les parties, a été convenu ce qui suit :

1° Les susdits Mitchell et Henderson s'engagent à nommer des agitateurs expérimentés dans toute la Grande-Bretagne en vue de provoquer des conflits industriels et d'inculquer aux ouvriers occupés dans les principales branches de l'industrie la doctrine révolutionnaire et l'idée du contrôle économique sur la production;

2° Les susdits Mitchell et Henderson s'obligent personnellement : à organiser et à contrôler des cours du dimanche en vue d'initier la jeunesse ouvrière des deux sexes aux principes de la doctrine révolutionnaire; à arracher cette jeunesse à l'emprise de la « religion d'Etat » par une éducation basée sur les principes de l'athéisme le plus rigoureux, ainsi qu'à rompre tous les liens pouvant l'attacher aux classes dirigeantes.

A cet effet, les soussignés auront à nommer des professeurs expérimentés qui seront à la disposition de Thomas Mitchell, organisateur principal desdites écoles;

3° L'imprimerie du Parti Ouvrier Socialiste de Glasgow, actuellement dirigée par Mitchell, devra être utilisée (au fur et à mesure des besoins) pour la publication de la littérature secrète de propagande révolutionnaire et anticléricale qui devra être mise exclusivement à la disposition de personnes jouissant de l'entière confiance de Th. Mitchell et J. Henderson. Cette littérature devra être distribuée uniquement à l'aide de messagers spéciaux, engagés à cet effet;

4° Les nommés Mitchell et Henderson s'obligent à user de toute leur puissante influence en vue de provoquer par leurs agents des conflits, entre les ouvriers et leurs patrons, d'intensifier le mécontentement des masses populaires et d'organiser des grèves. De même, ils feront tout leur possible pour se procurer des renseignements ayant trait aux intérêts de l'Etat, de caractère diplomatique, militaire, civil, politique et autres pouvant intéresser le

Comité exécutif révolutionnaire de Russie et d'Allemagne ou lui être utiles.

5° Il est entendu que les femmes des prolétaires seront renseignées, dans la mesure du possible, sur le but poursuivi par les aristocrates et les capitalistes : l'asservissement de leurs maris et la perte des jeunes filles de la classe ouvrière. Le plus grand effort devra être tenté pour leur faire comprendre que leur devoir consiste à pousser les hommes à s'affranchir en exterminant les capitalistes et les classes dirigeantes et en instaurant une République ouvrière;

6° Les fonds nécessaires seront fournis, la première année, trimestriellement et à l'avance, sur les demandes faites préalablement, par Mitchell et Henderson. A l'expiration de ce délai, le paiement pourra continuer si les résultats obtenus justifient les dépenses;

7° Toute la correspondance secrète devra être adressée, sous plis séparés, à H. R. Holst, Van-der-Halzyn, Keigersgr. 309, Amsterdam (Pays-Bas); par mesure de sûreté, la correspondance devra être expédiée sous forme de lettres recommandées. Pour les mêmes raisons, l'adresse des destinataires devra être changée périodiquement.

8° Les parties ont convenu qu'aucune lettre ne devra être adressée en Allemagne, ni en Russie, ni même à un représentant quelconque de la Russie en Angleterre. Toute infraction aux prescriptions de la présente clause entraînerait l'abrogation de la présente convention, indépendamment de toutes les mesures que la partie intéressée pourrait prendre en cas d'abus de confiance déclaré;

9° Pour les besoins du service des archives et à titre de renseignement, une liste détaillée contenant les adresses des militants actifs, dignes de toute confiance, et la désignation des centres de leur activité, est jointe à la présente convention. Ainsi il sera aisé de se rendre compte de l'action révolutionnaire poursuivie en Grande-Bretagne par le Comité exécutif.

En outre, un membre du Comité exécutif devra se rendre en Russie ou en Allemagne pour faire un rapport et prendre part aux conférences consacrées à l'établissement du contrôle ouvrier et de la République ouvrière. Les passeports nécessaires seront mis à la disposition des intéressés au fur et à mesure des besoins;

10° Il est entendu qu'aucune des pièces reçues du Comité exécutif d'Europe ne devra être conservée; ces pièces devront être détruites dans le délai d'une semaine, au plus tard, à partir de leur réception, afin d'assurer le secret absolu de la correspondance.

11° Le Comité exécutif européen et le Comité révolutionnaire ouvrier de Grande-Bretagne se réservent le droit de répudier n'importe quel acte accompli par une des parties contractantes et de nier l'existence de tous rapports réciproques.

Fait et signé au nom du Comité exécutif révolutionnaire de Grande-Bretagne en quatre originaux; les soussignés gardent un seul exemplaire; les autres devront être expédiés à l'adresse sus-indiquée, en présence d'un mandataire de la partie adverse.

Pour le Parti ouvrier socialiste :

John Henderson,
Secrétaire national.

Pour le Bureau de la Presse ouvrière socialiste :

Thomas Mitchell.

Des nouvelles terrifiantes.

SOCIALIST LABOUR PRESS,
46, 48 & 50 RENFREW STREET,
GLASGOW.

Socialist Labour Party of Great Britain.

THE SOCIALIST — Official Organ of the Socialist Labour Party

To The High Comrade,
A.P.Rosenholz,Moscow,
transmitted by Comrade R.H.Holst,
[illegible]
Amsterdam,Holland.

[illegible] 46, 48 Renfrew Street,
Glasgow
October [illegible]/1923.

Comrade,

We have great pleasure in advising you that our Comrade [illegible] has put us in touch with the [illegible] German Linotype machine which will enable us to increase the [illegible] propaganda sent to us monthly from Moscow. We beg to respectfully advise you that we have recieved a warning from our Comrades in London to keep away from Soviet House owing to the fact that spies of the capitalist are watching visitors to that building, and it would never do for any of our Executive to be recognized.

You will be glad to know that we have practically the entire coal fields well in hand, and can now count on nearly one hundred thousand men in that industry alone. For the [illegible] action we are to organize we will require about Three thousand pounds, and we are sending you a detailed programe that will fully explain this. A copy will also be sent to the Executive of the [illegible] of Hamburg as arranged, together with details of the expansion of the Marxian Schools for Revolutionary Education of boys and girls of this country.

With fraternal greetings on behalf of the Executive of the British Workers Revolutionary Committee.

SOCIALIST LABOUR PRESS,
46, 48 & 50 RENFREW STREET,
GLASGOW.

Ce faux très curieux se passe de commentaires. C'est un vrai collier de perles. Nous y voyons Londres entretenir une correspondance avec Moscou par l'intermédiaire d'Amsterdam et la *Presse ouvrière socialiste* correspondre avec M. Rosenholz par l'entremise d'Henriette Roland Holst (dénommée R. H. Holst).

Il est question aussi d'une linotype servant à tirer, par ordre de Moscou, la littérature de propagande expédiée de cette ville; l'ambassade soviétique est mêlée naturellement à l'affaire. Quoi encore? Des mineurs par centaines de mille, des écoles bolchevistes de filles et de garçons, une somme de 3.000 livres sterling pour accomplir toutes ces merveilles... Et pour comble, le signataire traite d'*Excellence* le camarade Rosenholz et se réclame d'une organisation absolument apocryphe « l'Exécutif du Comité révolutionnaire ouvrier de Grande-Bretagne »!

Au haut camarade A. P. Rosenholz,
Moscou,
Transmis par le camarade R. H. Holst,
Van der Halzyn Keigers-gr., 409,
Amsterdam, Hollande.

Glasgow, le 19 octobre 1923.

Camarade,

Nous sommes très heureux de vous faire savoir que, grâce à notre camarade D., nous avons la possibilité d'utiliser la nouvelle machine linotype allemande qui nous permettra de multiplier considérablement les stocks de littérature que nous recevons tous les mois de Moscou.

Nous nous permettrons d'attirer votre attention sur l'avertissement de nos camarades de Londres, qui nous recommandent de nous tenir à l'écart de la Maison Soviétique, car les espions du capitalisme surveillent tous ceux qui la fréquentent, et il est désirable de garder le plus strict secret au sujet de toutes nos affaires.

Vous serez agréablement surpris en apprenant que nous avons mis la main sur toutes les mines et qu'à l'heure qu'il est, nous pouvons compter sur 100.000 hommes rien qu'en cette branche industrielle.

Il nous faudra environ 3.000 livres sterling pour la nouvelle action que nous devons organiser; le programme que nous vous envoyons vous en donnera tous les détails. Une copie sera également envoyée au Comité exécutif S. A. L., à Hambourg, comme il était convenu, avec indications détaillées concernant le développement du réseau des écoles marxistes pour l'éducation révolutionnaire des garçons et des filles en Angleterre.

Veuillez agréer les salutations fraternelles de l'Exécutif du Comité révolutionnaire ouvrier de Grande-Bretagne.

Signature illisible.

Une lettre au « High Comrade » Rutgers.

Socialist Labour Party of Great Britain.

Private and Confidential.

The High Comrade Rutgers,
Bureau de l'Internationale,
Leidschestraat 23,
Amsterdam, Holland.

November 16th 1923.

Dear Comrade Rutgers,

Greetings. Your letter with enclosure was delivered to us direct from the Boat at Fraserborough and we are delighted to hear that the Council are satisfied with our explanations.

Personally, Dear Comrade, I can assure you that the blow we are now organizing against the key industries will put the fear of God into the capitalist that will convince them that their day is over.

Re the last question you ask in your letter, I will get in touch with our High Comrade Arthur Henderson in London in a few days time as I intend to make a visit to him about other matters.

You need not be afraid to send the goods you mention, as we have trustworthy Comrades in Bo'ness, Leith and Grangemouth, and we can practically do what we like in these Ports without danger from the spies of the capitalist, though it is thought by certain of the High Comrades in London that the blow for freedom can be carried out without a blow being struck, anyhow the moment we manage to paralyse the key industries we will be masters and in a position to dictate.

I can assure you dear Comrade, that the day of the capitalist and the common aristocracy of this country is almost over and we are determined that for the remainder of their miserable lives these bloodsuckers and parasites will be obliged to labour for the benefit of the downtrodden Proletariat or starve, as they have made us starve.

Re our Schools, you will be glad to know that we are taking hundreds of boys and girls away from the churches of the capitalist, and their education in Revolutionary Socialism and Anti-religion is progressing by leaps and bounds thanks to the valuable aid we recieve from our Russian and German Comrades; and the Juvenile Proletariat are now beginning to understand the uselessness of a rotten royalty. The adults are being well instructed in the matters sent us recently.

We have the situation well in hand and are assured of victory though there is a lot of organizing yet to do, but we are satisfied with the progress being made by our trustworthy Agents throughout the Industrial centres.

The stronger and more Revolutionary and Anti-religious the propaganda our Comrades can send us over the better, and the sooner the present social conditions here can be smashed up once and for all as the robbers and bloodsuckers are even now plotting to further enslave the unhappy workers of this country and further drive their wives and daughters

Cette lettre, vrai chef-d'œuvre de sottise, a évidemment pour but de démontrer l' « authenticité » de la convention publiée plus haut:

1. Il suffit d'un coup d'œil pour voir à quel point les auteurs de ce faux grossier ignorent le caractère de la correspondance anglaise : en Angleterre, les lettres d'affaires ne se libellent pas ainsi.

2. Et, tout d'abord, a-t-on jamais vu des révolutionnaires, se qualifier entre eux de « high camarade » — c'est-à-dire de « haut camarade » ?

3. La lettre met en cause la représentation plénipotentiaire de Londres, fait allu

Socialist Labour Party of Great Britain.

2.

to a life of prostitution and vice.

We are convincing them that the bodies of their womenfolk is what their masters require and thousands of women through the country are being educated to that fact.

We have been promised passports from certain High Comrades which will enable us to pay you a personal visit in the near future, and arrange for the deliveries of certain classes of goods we are urgently in need of.

You will be glad to know that I recieved a very nice cheque from our mutual friend Bishop Brown of Ohio, and he has promised to give us all the aid in his power through his Comrades of the I.W.W. of Chicago.

Comrade Lambert of the I.W.W. is here with us and giving us good assistance with the propaganda he brought over.

Our Press is working day and night turning out the proper goods for the Workers, and we are going to invest in another new Linotype machine, in fact I think we will enlarge the Plant entirely.

Well dear Comrade, as I am due shortly in Dunfermline in a few hours where I am taking some very confidential propaganda to our Agents there, I must close this letter by offering you our best Fraternal Greetings in the name of the Executive of the British Workers Industrial Soviet Council, and with the hopes of being in a position of meeting you personally in a very short time.

SOCIALIST LABOUR PRESS,
46, 48 & 50 RENFREW STREET,
GLASGOW.

sion à des envois suspects, affirme que tout est prêt pour porter un coup décisif à l'industrie et à la bourgeoisie, annonce qu'on va en finir avec cette dernière, que des secours parviennent en Angleterre des camarades russes et allemands; bref, ce n'est pas une lettre, mais une véritable proclamation de propagande, écrite par un voleur qui, néanmoins, se présente comme l'homme de confiance, tantôt d'un mystérieux « Comité exécutif européen », tantôt d'une « Nationale ouvrière socialiste de Hambourg ». Nous y voyons de « hauts camarades » promettre des passeports et l'évêque d'Ohio, M. Brown, annoncer des fonds provenant de l'Union des ouvriers industriels du monde (I. W. W.). Et en terminant sa lettre le faussaire salue Rutgers au nom du « Conseil soviétique ouvrier industriel de Grande-Bretagne »!

Personnel et confidentiel. Le 16 novembre 1923.

Au haut camarade Rutgers,
Bureau de l'Internationale,
Amsterdam, Hollande.

Cher camarade Rutgers,

Mes salutations. Votre lettre et les pièces y annexées m'ont été remises directement du bateau à Fraserborough.

Nous sommes heureux d'apprendre que le Soviet est satisfait de nos explications. Quant à moi, cher camarade, je puis vous assurer que le coup que nous sommes en train de préparer et qui atteindra les principales branches de l'industrie, fera trembler les capitalistes et leur donnera à entendre que leurs jours sont comptés.

Pour la dernière question que pose votre lettre, je vais en parler au haut camarade Henderson à Londres, que j'ai l'intention de voir pour différentes affaires.

Vous pouvez nous envoyer sans crainte ce dont vous parlez dans votre lettre car nous avons des camarades sur lesquels on peut compter à Bones, Leith et Grangemouth, et nous pouvons faire ce que bon nous semble dans ces ports sans avoir à craindre les espions des capitalistes. Bien que quelques-uns de nos hauts camarades de Londres estiment qu'il est possible de s'affranchir sans recourir à la violence, nous maîtriserons la situation et nous pourrons dicter nos conditions au moment où nous serons en mesure de paralyser la vie des branches principales de l'industrie.

Je puis vous affirmer, cher camarade, que dans notre pays, les jours de la domination des capitalistes et de la bande des aristocrates sont comptés. Nous avons bien décidé d'employer ces cruels parasites, jusqu'à la fin de leur misérable vie, à travailler pour le prolétariat, et ils seront affamés comme nous l'avons été jusqu'à présent.

Nous pouvons vous donner, au sujet de nos écoles, des nouvelles tout à fait réjouissantes : nous arrachons aux églises capitalistes des centaines et des centaines de garçons et de fillettes; leur nouvelle éducation conçue dans l'esprit du socialisme révolutionnaire et de l'athéisme progresse très rapidement, grâce aux secours appréciables qui nous parviennent de nos camarades russes et allemands.

La jeunesse ouvrière commence à comprendre toute la vanité du système de gouvernement royal, pourri jusqu'aux entrailles.

Les adultes reçoivent de même une éducation parfaitement satisfaisante grâce à la littérature que vous nous avez fait parvenir dernièrement.

Nous sommes actuellement maîtres de la situation et, bien qu'il nous reste encore beaucoup à faire pour le triomphe de notre œuvre, nous avons la certitude que la victoire est proche.

Nous sommes tout à fait satisfaits des succès obtenus par nos meilleurs agents dans les grands centres industriels.

Plus la propagande menée chez nous par les camarades des autres pays est intense et empreinte d'un véritable esprit de révolution et d'athéisme, plus les résultats seront efficaces et plus la chute de la société actuelle sera rapide. Ceci est d'autant plus nécessaire que les voleurs et les vampires ont toujours l'intention d'exploiter comme par le passé nos malheureux ouvriers et de pousser leurs femmes et leurs filles à la prostitution et au vice.

Nous nous efforçons de faire comprendre aux ouvriers que leurs femmes et leurs filles servent à satisfaire les désirs des classes possédantes et nous pouvons constater, dans tout le pays, que des milliers de femmes commencent à comprendre cette vérité.

Quelques-uns de nos hauts camarades nous ont promis des passeports qui nous permettront sous peu de nous rencontrer avec vous et d'organiser l'envoi de quelques matériaux dont nous éprouvons un besoin urgent.

J'ai le plaisir de vous annoncer que notre ami commun, l'évêque Brown, de l'Ohio, nous a fait parvenir par chèque une somme fort intéressante et nous a promis, en outre, l'aide de ses amis de l'Union des Ouvriers Industriels du monde à Chicago.

Le camarade Lambert (membre des Ouvriers industriels du Monde) est avec nous et nous apporte son aide précieuse au moyen de la littérature de propagande qu'il a amenée avec lui.

Notre presse travaille nuit et jour à mettre au point les matériaux de propagande. Nous nous proposons d'acquérir prochainement encore une linotype. Je crois même qu'il nous faudra agrandir toutes nos entreprises, sans exception.

Cher camarade, je me rends en hâte à Dunfermline afin de remettre dans quelques heures des matériaux de propagande à nos agents de là-bas. Je me vois donc obligé de terminer ma lettre. Je vous prie d'agréer les salutations fraternelles du Comité exécutif du Conseil soviétique industriel de Grande-Bretagne. Dans l'espoir de vous voir prochainement,

Bureau de Presse,
Ouvrier socialiste,
Signé : ILLISIBLE.

Une lettre à Arthur Henderson.

Socialist Labour Party of Great Britain.

PRIVATE AND CONFIDENTIAL.

Nat. Secy. 46-50 Renfrew Street,
Glasgow.
October 20th 1923.

Comrade Arthur Henderson,
33 Eccleston Square, London.

Dear Comrade Henderson.

Greetings, I have to advise you that we have recieved a confidential letter from Moscow transmitted to us through the Office in Amsterdam by messenger.

Our letter sent to Moscow was sent three weeks ago through the good offices of Comrade Kaufmann who was here with a special parcel for us for use in the key industries, copies of which were sent to you as per our instructions.

I am glad to be able to report that all is going well, our last census giving us over SIX HUNDRED THOUSAND workers pledged for Industrial Control. This includes the entire coal fields which are now under our control.

Reports recieved from Comrade Losty from Coventry advise us that every man is ready to strike a final blow for freedom when the word is given, and our special agents in other important centres report equally satisfactory news.

We have reported to our German Comrades of the Sozialistiche Arbeiter Internationale at Hamburg that our programe of organization is nearing completion, and no doubt the High Comrade Stinnes will be advised in due course from your end.

We are sending a trusted Comrade to 47 Moorgate Street to find out if anything has arrived for us, and this Comrade will hand you a parcel of special stuff which we recently recieved.

Our Comrades of the I.W.W. of America sent us a useful contribution through Bishop Brown.

As far as the Clyde from Glasgow to Greenock, we can tie every yard up at a moments notice, we have 75,000 men ready at any moment and I can assure you that they are getting impatient, so the message is, 'hurry up Comrade and send us the word'.

Assuring you Dear Comrade of our loyalty to the Cause of Freedom, and with fraternal greetings in the name of the Workers.

SOCIALIST LABOUR PRESS,
46, 48 & 50 RENFREW STREET,
GLASGOW.

Dans cette lettre « personnelle et confidentielle », Mitchell annonce des choses renversantes : un envoyé spécial a apporté un message de Moscou. Des instructions et des proclamations sont expédiées pour être distribuées dans toutes les branches de l'industrie anglaise. D'après les renseignements que possède Mitchell, 600.000 ouvriers (ni plus ni moins) se sont prononcés pour le contrôle industriel; tous ceux de Coventry proclament leur volonté de mourir pour la liberté; le plan d'une vaste organisation est complètement au point; 75.000 ouvriers de la Clyde et de Glasgow attendent avec la plus grande impatience le signal de grève, etc., etc.

Pour terminer, Mitchell assure Henderson — qui n'est autre que le leader travailliste anglais, ancien ministre dans le cabinet de guerre Lloyd George — de son dévonement inébranlable à la cause de l'affranchissement des ouvriers.

Et dire qu'il s'est trouvé des gens pour acheter ce galimatias!..

PARTI OUVRIER SOCIALISTE DE GRANDE-BRETAGNE

Strictement personnel et confidentiel. Le 20 octobre 1923.

Au camarade Arthur Henderson,
33, Eccleston Square, Londres.

Cher camarade Henderson,

Je vous adresse mes meilleures salutations et vous informe que nous avons reçu de Moscou une lettre confidentielle, apportée par un envoyé spécial arrivant du Bureau d'Amsterdam.

Notre lettre adressée à Moscou a été expédiée il y a environ trois semaines, grâce à l'aimable concours du camarade Kaufmann, arrivé chez nous avec un convoi de littérature de propagande à l'usage des principaux centres de notre industrie. Des échantillons de cette littérature ont été envoyés simultanément avec nos instructions.

Je suis heureux de pouvoir vous annoncer que tout va pour le mieux chez nous et que, d'après notre dernière enquête, on a évalué à plus de 600.000 le nombre des ouvriers partisans du contrôle sur l'industrie. La région houillère, qui se trouve actuellement toute entière sous notre influence, est comprise dans ce chiffre.

Un rapport reçu du camarade Lusty, de Coventry, nous fait savoir que là-bas tous sont prêts, dès que le signal sera donné, à se jeter dans le dernier combat pour la liberté... De même, des nouvelles tout à fait satisfaisantes nous parviennent de nos agents spéciaux dans d'autres centres importants. Nous avons informé nos camarades allemands appartenant à l'Internationale Ouvrière Socialiste à Hambourg que notre programme était presque entièrement au point. Sans doute, vous en informerez en temps utile le haut camarade Stinnes.

Nous envoyons une personne de confiance au 49 Moorgate Street, demander si rien n'est arrivé pour nous; ce même camarade vous remettra un colis avec les matériaux particuliers qui nous sont parvenus récemment.

Nos camarades d'Amérique appartenant à l'Union des Ouvriers industriels du Monde, nous ont adressé, par l'intermédiaire de l'évêque Brown, une forte somme.

En ce qui concerne la Clyde, nous sommes en mesure de déclarer, à n'importe quel moment, une grève dans toute la région, de Glasgow à Greenock.

Nous avons toujours à notre disposition 75.000 hommes prêts à marcher. Je puis vous affirmer que ces gens-là perdent déjà patience.

Voici leur dernière communication : « Dépêchez-vous et donnez-nous le signal. »

Agréez, cher camarade, l'assurance de notre dévonement à la cause de la liberté, ainsi que les salutations fraternelles des ouvriers.

Bureau de Presse socialiste,
46-48-50 Renfrew Street,
Glasgow.

(Signature.)

LES FAUSSAIRES
EN POLOGNE

Une fausse lettre du Komintern

Le document que voici a été fabriqué pour les besoins du gouvernement polonais, en vue de démontrer que Moscou organisait des manifestations révolutionnaires en Pologne même.

Le faux est tellement évident que nous pouvons nous borner à quelques explications sommaires :

1° Il suffit de comparer le papier et les cachets saisis chez Droujelovsky avec ceux qui furent employés à la fabrication du document, pour s'apercevoir que le faussaire est incontestablement Droujelovsky lui-même;

2° Jamais le Komintern n'emploie l'emblème officiel de l'U. R. S. S.; or, l'emblème figurant sur le faux document est bien une imitation, assez mal réussie, de celui de l'U. R. S. S.;

3° Le siège du Komintern se trouve à l'angle des rues Vosdvijenska et Mokhovaia, en face du manège, et non pas au Kremlin.

[illegible], опирающееся [illegible], что является [illegible] свидетельством, не[illegible] мнения [illegible], созданного криком социал-предательской прессы об участии Коминтерна в [illegible] событиях.

Наконец, в-третьих, Исполком Коминтерна находит, что индивидуально-террористические акты, намечаемые Цик-ом П.К.П. являются [illegible] Троцкому и его линии, как ответ и [illegible] протест не только на серию всех последних убийств наших товарищей, но и всему ряду преследований актов бандитского правительства Польши в отношении Западной Украины, [illegible] в последнее время [illegible], по всему пространству [illegible] потоками [illegible] человеческой крови и морем слез.

Исполком Коминтерна настаивает на особенной осторожности в [illegible] Цик-м П.К.П. и потому, с одной стороны, [illegible] опасается возможности дать хоть бы то ни было в руки польского правительства или прессы о [illegible], почему все материалы Цик-а П.К.П. для сношения с Коминтерном должны передаваться по коду [illegible], с другой стороны, в [illegible] и из опасения чтобы не дать в руки противников хотя бы косвенное доказательство участия представителей Польской компартии при Исполкоме Коминтерна в [illegible] событиях, Исполком Коминтерна настаивает на немедленном по получении Президиуму Цик-а П.К.П. уничтожении всех материалов Исполкома Коминтерна, обосновывая свое требование указанием факта, имевшего место 15 апреля с.г. в помещении Коммунистической фракции Сейма, в Варшаве, где был взломан шкаф и похищены бумаги Польской Компартии.

Подобного рода случаи являются большим подспорьем нашим противникам в агитационной кампании социал-соглашательского рода. Так, польская печать в последнее время усиленно муссирует слухи о получении сигнала для выступлений Польской Компартии из Москвы, и поэтому естественно, что финалу выступлений будут предшествовать те же крики, [illegible] правительственных подкупленной польской прессой.

4° Le Komintern, à l'encontre de l'U. R. S. S., ne possède pas de représentation plénipotentiaire à l'étranger;

5° Le Komintern n'entretient pas de rapports avec les cellules du Parti communiste russe existant au sein des représentations plénipotentiaires de l'U.R.S.S. et dénommées par l'ignorant faussaire « délégations » dudit Parti;

6° Il suffit de consulter les statuts de n'importe quel parti communiste pour savoir qu'aucune organisation n'y possède de présidium;

7° La section polonaise du Komintern s'appelle : *Parti communiste de Pologne* et non *Komparti polonais;*

8° La section polonaise du Komintern s'appelle : « Section polonaise » tout court et non « Section communiste polonaise »;

9° L'organe directeur de toute section nationale s'appelle : « Comité central » (C. C.); le Parti communiste de Pologne a donc à sa tête un *Comité central* (C. C.) et non un *Comité exécutif central* (C. E. C.);

10° Il faut être stupide pour croire que les circulaires se terminent par des exclamations révolutionnaires semblables à celles qui figurent au bas du document.

Обязанности Глявна в отношении "Фоника № 19" будут заключаться в разъяснении ей того, что именно требуется от нее в отношении сенатора Бора; она должна усвоить то положение, что ей необходимо принять меры и наблюдение [illegible] в частной жизни враждебных сторон, эту часть задания поручить [illegible], а для будущего понять о вероятной проблеме Союза ССР, возможно, что [illegible] ее поездки в Вера-Круц напомнит Бора скупку его [illegible], на которых ему представлялась возможность потери значительной суммы, возможно, что это сделает его уступчивее [illegible], поэтому вам же необходимо будет разъяснить ей сущность того, к чему должно сводиться улучшение личных отношений между Бора и Кулиджем.

Не следует упускать ни одной возможности в данном направлении, [illegible] полную осторожность, бдительность [illegible] органов, допуская на "Фоника – 19" по принципу [illegible] Сен.Ам.Ком. [illegible] на "Фатьм" № 27 выполнением инструкций той организации, в которой [illegible] себя связанным, поэтому [illegible] по успешному ходу точность выполнения Ваших инструкций [illegible] из которого [illegible] могли бы получить, хотя бы [illegible] возможность [illegible] дел. [illegible] В нужных случаях пользуйтесь кодом АГ – 3.

[illegible]

На основании вышеизложенного Исполком Коминтерна предлагает "Президиумам Заграничных делегаций РКП(б)" немедленно всеми [illegible] контроля [illegible] над действиями [illegible] 19, и Фатьм" и в свою очередь уведомлять подробно о ходе [illegible] американского [illegible] трио.

По постановлению Президиума Коминтерна

Генеральный Секретарь Коминтерна [signature]

Moscou-Kremlin.

Strictement confidentiel.

Copie N° 2.

A la Représentation Plénipotentiaire du Komintern en Pologne.

Copie aux délégations du Parti Communiste de Russie à l'étranger : Paris, Berlin, Vienne, Prague, Riga.

(Réservé exclusivement aux présidiums.)

Instruction secrète du Comité exécutif du Komintern, N° B. 1137.

Comme suite à la lettre du présidium du IIIe Congrès du Parti communiste polonais du 8 avril dernier, n° 1895, la Section communiste polonaise près le Comité exécutif du Komintern, agissant en vertu de la décision de ce dernier, informe par les présentes le Comité exécutif central du Parti communiste polonais et le présidium du Congrès que, pour sa part, elle autorise pleinement la manifestation du Parti communiste polonais, projetée pour le 3 mai prochain, sur le passage de la procession solennelle en l'honneur de la Constitution polonaise, laquelle manifestation est envisagée par le Comité exécutif central du Parti communiste polonais (voir lettre du Comité exécutif central du Parti communiste polonais, adressée au Comité exécutif du Komintern, du 29 mars, n° 1963).

Le Comité exécutif du Komintern considère cette manifestation comme d'autant plus nécessaire au point de vue de la politique internationale du Komintern, que les représentants des puissances étrangères, invités à participer à la solennité, pourront se rendre compte *de visu* de l'injustice commise à l'égard des peuples habitant les provinces orientales attribuées à la Pologne et, en même temps, des sympathies générales qu'éprouvent, en Pologne, les masses populaire pour l'U. R. S. S.

D'autre part, une manifestation active, organisée par le Parti communiste polonais, détournera l'attention des dirigeants et de la presse d'Europe, de la lutte héroïque que soutiennent aux Balkans nos camarades exterminés par le gouvernement provocateur de Tsankov qui, de son côté, et ceci est le pire, est énergiquement soutenu par l'opinion publique européenne excitée par les révélations de la presse social-traître sur la participation du Komintern aux événements de Bulgarie.

En outre, le Comité exécutif du Komintern estime que les actes terroristes, envisagés par le Comité exécutif central du P. C. polonais, serviront de récompense bien méritée à Grabsky et à sa bande. En effet, ces actes constitueront la meilleure réponse des masses populaires, non seulement au récent assassinat de nos camarades, mais aussi aux nombreux actes de provocation commis par le gouvernement bandit de Pologne, en Ukraine occidentale, devenue depuis quelque temps une immense prison couverte de sang et de larmes.

Le Comité exécutif du Komintern recommande au Comité exécutif central d'observer la plus grande prudence afin de ne pas donner l'alarme au gouvernement et à la presse; c'est pourquoi le Comité exécutif central du P. C. polonais devra se servir du code K B — U pour toutes ses communications destinées au Komintern.

D'autre part, dans l'intérêt de la conspiration et pour ne pas donner aux ennemis les moindres preuves que les représentants du P. C. polonais près le Comité exécutif du Komintern participent aux événements actuels, le Comité exécutif du Komintern demande instamment que toutes les pièces émanant de lui soient détruites sitôt après leur lecture au présidium du Comité exécutif central du P. C. polonais.

A l'appui de cette réquisition, le Comité exécutif du Komintern se réfère à l'incident qui s'est produit le 15 avril dernier, lorsque, dans le local de la fraction communiste du Sejm à Varsovie, l'armoire fut forcée et que les documents appartenant à la fraction furent volés. Ces incidents rendent bien service à nos adversaires au cours de la campagne de propagande que les social-traîtres de toute sorte mènent contre notre parti. Par exemple, ces derniers temps, la presse polonaise lance très activement des bruits selon lesquels Moscou exige des manifestations de la part du Parti communiste polonais; il faut donc s'attendre à ce que la presse polonaise — entretenue par le gouvernement — se fasse entendre au moment des manifestations.

Nous ne pouvons pas changer la presse bourgeoise et ne devons pas en tenir compte. Il nous est impossible de l'obliger à partager le point de vue du prolétariat et à expliquer à la population que toutes les manifestations sont exclusivement l'œuvre des forces locales, tenant compte de la situation politique de chaque pays; que les sections nationales respectives existant près le Comité exécutif du Komintern ne prennent part à ces manifestations qu'en tant que tous les partis communistes du monde, représentés au Comité exécutif du Komintern, ont intérêt à agir pour le bien et non pas au détriment de la politique internationale communiste des ouvriers et des paysans — travailleurs.

C'est pourquoi, se basant sur les principes généraux de l'action communiste, le Comité exécutif du Komintern donne simultanément des instructions au service de presse et avise, d'ores et déjà, le Comité exécutif central du P. C. polonais que la presse prolétarienne du monde entier saura tenir tête à la nouvelle agression de la presse bourgeoise qui va certainement dénoncer de nouveau l'influence du Komintern dans l'action du P. C. polonais, au lieu de chercher les causes de cette action dans la terreur blanche raffinée et bien camouflée du gouvernement polonais.

A bas le gouvernement bandit de Pologne!

Vive le Parti communiste polonais!

A bas la terreur blanche!

Vive le gouvernement révolutionnaire!

Pour le Comité exécutif du Komintern,
Pour le Secrétaire général du Komintern,
Le vice-président de la Section polonaise près le Comité exécutif du Komintern :
Signé : Dorot.

Un faux questionnaire.

Москва – Кремль.
14 апреля 1925г.
№ 2960/П.

Совершенно секретно

Вх. № 4/1/28. [illegible]
Отд. общ. информации

ЗАГРАНИЧНЫМ ДЕЛЕГАЦИЯМ РКП(б) Париж, Берлин, Вена, Праге, Рига.

(Исключительно Президиуму)

СЕКРЕТНАЯ ИНСТРУКЦИЯ [illegible] общего Контроля.

С получением настоящего предлагаем Вам передать [illegible] в Вашем распоряжении [illegible] секретного Контроля [illegible] Цик-а Польской Коммунистической Партии [illegible] точным разграничением лиц, могущих принять участие в активной работе в случае [illegible], а также пассивного элемента.

[illegible] следует разграничивать особенно точно применительно к следующей программе:

Вопрос 1. Количество лиц общего партийного учета отдела секретного Контроля?

2. Количество лиц, могущих нести активную партийную работу?

3. Количество лиц, работающих активно в местных партийных организациях?

4. Количество лиц, ведущих партийную работу без связи с местными организациями?

5. Количество лиц, работающих активно, [illegible] на Цик-е Компартии или Представительстве Коминтерна?

Ответы на данные вопросы должны быть по возможности подробно освещены в отношении:

во первых, военных учреждений всех родов оружия [illegible] и [illegible];

во вторых, органов внутреннего [illegible].

Le faux ci-dessus est des moins réussis et ne fait guère honneur à la science de ses auteurs. Disons ou répétons que :

1° Aucun emblème ne figure sur le papier du Komintern;

2° Tous les cachets et emblèmes qui figurent sur cette feuille proviennent de l'arsenal découvert chez Droujelovsky au moment de son arrestation;

3° Le siège du Komintern ne se trouve pas au Kremlin;

4° Le Parti communiste russe n'a pas de « délégation » à l'étranger;

5° Il n'existe ni Section de contrôle général ni représentation du Komintern à l'étranger;

6° Aucune personne du nom de Dorot n'a jamais occupé le poste de secrétaire général du Komintern;

в третьих, государственных учреждений (сюда же относятся все комиссариаты и подсобные им учреждения),

в четвертых, почты, телеграфа, телефона, радио и т.п. (все относящееся к роду службы связи),

в пятых, всех видов промышленности,

в шестых, всех видов транспорта.

В отношении объектов промышленности следует в работе особенное внимание на:

а) предприятия военной промышленности и промышленных предприятий военного и морского ведомства,

б) предприятия горно-добывающей промышленности, как-то каменно-угольной, торфяной и др.

в) предприятия металлической промышленности: металлургии, крупного машиностроения, сельско-хозяйственного машиностроения и металло-обработки,

г) предприятия электрической промышленности с общереспубликанским значением,

д) предприятия, работающие на экспорт.

Настоящие сведения в порядке общей информации надлежит провести и возможно точному исполнению до 1-го мая с.г., поручив Цека-ма компартии сектора Вашего Представительства взять непосредственную работу с инициативой на местах ответственным представительствам, отнюдь не входя в сношения по данным вопросам с местными центрами, как равно не загружая вопросами по данному поводу представительства Исполкома Коминтерна.

По постановлению Исполкома Коминтерна

Генеральный Секретарь Коминтерна: [signature]

7° Ce poste même a été supprimé bien avant la date attribuée au « document »;

8° Le Parti communiste de Pologne est dirigé par un Comité central et non par un Comité exécutif central;

9° Après ce qui précède, est-il encore besoin d'examiner la teneur même du « document »?

Moscou-Kremlin, le 14 avril 1925. *Strictement confidentiel.*

N° 2960 P.

Aux délégations du P. C. R. à l'étranger : Paris, **Berlin**, Vienne, Prague, Riga.

(Réservé exclusivement à la Présidence.)

Instruction secrète du **Comité exécutif** du Komintern. N° B. 985.

Section du Contrôle **général**.

Vous êtes priés de transmettre au Parti communiste polonais, dès la réception des présentes, toutes les données ayant trait au contrôle général, en ayant soin de spécifier les personnes qui peuvent participer activement au travail, et, au besoin, celles qui appartiennent aux éléments passifs.

Les indications doivent être très précises et comporter la réponse aux questions suivantes :

1° Nombre de personnes enregistrées au Parti appartenant à la Section du contrôle secret;

2° Nombre de personnes pouvant participer activement au travail du Parti;

3° Nombre de personnes travaillant activement dans les organisations locales du Parti;

4° Nombre de militants n'entretenant pas de rapports avec les organisations locales;

5° Nombre de militants dépendant du Comité exécutif central du Komparti ou de la représentation du Komintern.

Les réponses aux questions ci-dessus doivent contenir des renseignements détaillés concernant :

1° Les institutions militaires de toutes les armes (armée et flotte) en général;

2° La police;

3° Les institutions d'Etat (y compris tous les ministères et leurs dépendances);

4° La poste, le télégraphe, le téléphone, le radio, etc... (tout ce qui concerne le service de liaison);

5° Toutes les branches d'industrie;

6° Toutes les branches du transport.

En ce qui concerne l'industrie, il faut accorder une attention toute particulière aux entreprises suivantes :

a) Industrie de guerre et entreprises appartenant aux ministères de la guerre et de la marine;

b) Industrie minière, c'est-à-dire entreprises d'extraction du charbon, de la tourbe, etc...;

c) Industrie métallurgique, c'est-à-dire entreprises de construction des machines et plus particulièrement des machines agricoles, les fonderies, etc...;

d) Entreprises électriques d'utilité publique;

e) Entreprises d'exportation.

Les renseignements demandés doivent être mis au point avant le 1er mai par les Comités exécutifs centraux des Kompartis du Secteur de votre Représentation à l'aide de leurs propres représentations locales, sans que vous vous mettiez à ce propos en rapports directs avec les centres locaux et sans encombrer la représentation du Comité exécutif du Komintern.

Pour le Comité exécutif du Komintern.

Le Secrétaire général du Komintern :

Dorot.

DIVERS

Où le papier, du moins, est authentique

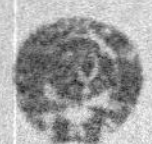

СОЮЗ СОЦИАЛИСТИЧЕСКИХ
СОВЕТСКИХ РЕСПУБЛИК

Финсчет Отдел

/01876

Совершенно секретно.

Фінотдел Н.К.И.Д. Москва, Кремль.

Бонн, Посольство.

[illegible]

Пожалуйста [illegible]

Н.о. [illegible]

Pour donner à leurs faux une apparence d'authenticité, les faussaires se servent non seulement de papier à en-tête falsifié, mais de papier à en-tête authentique, ayant déjà été utilisé.

En effet, il suffit à n'importe quel citoyen d'adresser n'importe quelle demande de renseignement à un des services de la Représentation plénipotentiaire ou commerciale soviétique à l'étranger pour en obtenir une réponse.

Que font alors Droujelovsky et Cie? Ils font disparaître, par des procédés chimiques, le texte de la réponse, et les voilà en possession d'une feuille de papier officiel à en-tête de la Représentation soviétique. Le procédé est d'une simplicité enfantine!

Ainsi nous est-il donné d'admirer le chef-d'œuvre ci-dessus, destiné à établir la collusion existante entre la Représentation commerciale soviétique de Berlin et l'Internationale Communiste, qui utiliserait, comme agents financiers, les représentants du gouvernement de l'U. R. S. S. à l'étranger.

Par malheur pour les faussaires, il n'est pas de précaution qui puisse faire qu'un faux ne soit pas un faux.

En effet :

1) Anoufriev (dont la signature est assez bien imitée), qui dirigeait le service du personnel de la Représentation commerciale, ne se mêlait jamais des questions financières.

2) Mieux encore : en mai 1925, époque où la pièce incriminée fut fabriquée, Anoufriev avait quitté depuis longtemps Berlin.

3) Parmi le personnel des représentations russes à l'étranger, il ne s'est jamais trouvé d'employé du nom d'Alexandrovitch.

4) Il est notoire que l'Union Soviétique possède à l'étranger des représentants plénipotentiaires et non pas des ambassadeurs, des représentations plénipotentiaires et non des ambassades. Il en résulte que nous n'avons aucune « ambassade » à Vienne et que l'institution désignée sous ce nom dans le document falsifié s'appelle en réalité, Représentation plénipotentiaire.

5) Il suffit de parcourir les éditions officielles et la littérature de l'Internationale Communiste, ainsi que les articles et documents parus dans notre presse, pour s'apercevoir que l'organisation communiste allemande s'appelle ordinairement « Parti Communiste d'Allemagne », ou, en abrégé, « P. C. A. » (de même qu'en allemand il est appelé « K. P. D. », c'est-à-dire « Kommunistische Partei Deutschlands »), mais que jamais il n'est désigné, comme dans le document falsifié, sous les initiales « G. K. P. » (ce qui veut dire en russe : Parti Communiste *Allemand*).

6) Le Comité Exécutif de l'Internationale Communiste ignore complètement l'institution désignée dans le document sous les initiales « D. I. K. K. » et ne possède aucune « délégation » au sein des diverses sections nationales.

7) Le siège du Comité Exécutif du Komintern se trouve à l'angle des rues Mokhovaïa et Vozdvijenka et non pas au Kremlin.

8) La lettre « i » a été supprimée dans l'alphabet russe après la révolution, cependant, dans le texte falsifié, elle figure dans le mot « Germanïa ».

***

Voici maintenant la traduction de la fausse lettre d'Anoufriev :

UNION DES REPUBLIQUES SOCIALISTES SOVIETIQUES

Représentation commerciale en Allemagne

Section des Finances — Téléphone Dönhoff 6800-14

Adresse télégraphique Vneshtorg. N° 01876.

Prière d'indiquer dans la réponse le service respectif et le N° A/L.

Strictement confidentiel. — Le 3 mai 1925.

Berlin S. W., 68, Lindenstrasse.

Section des Finances de I.K.K.I.

Moscou-Kremlin.

(Section-Allemagne).

Copie : Section des Finances de D.I.K.I.

(Secrétariat), Vienne, Ambassade.

Veuillez trouver ci-joint un relevé des débours et dépenses effectués par notre Section des Finances d'après les ordres des représentants de I.K.K.I., D.I.K.I. et des ordres extraordinaires de I.K.G.K.P.

Etant donné l'épuisement complet des fonds, prière de nous restituer le montant des sommes déboursées sans tarder et de constituer les doubles fonds de réserve, conformément au rapport du camarade Alexandrovitch.

Pour le Chef de la Section des Finances,

Signé : M. ANOUFRIEV.

UNE HISTOIRE DE BRIGANDS

Р. С. Ф. С. Р.
Научно-Технический Отдел
В. С. Н. Х.
в Берлине.

Берлин. 192

Служебная записка № 4064

из отдела ... от ...

в отдел ...

Les « histoires de brigands » ont toujours eu le don de frapper l'imagination populaire. Comment les faussaires n'auraient-ils pas tenté, pour atteindre leurs fins, de mêler les représentants soviétiques à l'étranger à des histoires d'explosifs?

La pièce qui suit montre que les Droujelovsky n'ont pas manqué de céder à la tentation. Mais il suffit d'examiner d'un peu près leur ouvrage pour discerner la supercherie.

1) Le papier sur lequel est rédigée la lettre est faux. Aucune Section des Sciences techniques du Conseil Suprême de l'Economie nationale (encore moins de celui de la R. S. F. S. R.) n'existe à Berlin. Il n'existe, en réalité, qu'un Bureau pour l'étude des Sciences étrangères et de la technique (B. E. P. T.), dépendant de la Section étrangère du Conseil Suprême de l'Economie nationale. Le faussaire avait probablement entendu parler d'un service qui s'occupait de technique et de sciences, mais il s'était insuffisamment renseigné.

2) Les personnages mentionnés dans cette lettre, sont absolument imaginaires. L'ingénieur Vetner n'est pas plus connu au B. I. P. T. que le fonctionnaire Alexandrovitch au Consulat soviétique de Berlin.

3) Il résulte de ce qui précède, que grenades et bombes ne sont qu'une grossière mystification.

[illegible]

R.S.F.S.R. Berlin, 7/V 1925.

Section des Sciences techniques
Conseil Supérieur de l'Economie
Nationale à Berlin.

Bordereau de service
N° 4064.

De la part de l'Ingénieur Verner.
Adressé au camarade Alexandrovitch.

Envoi de la Section des Brevets chimiques
au Service Consulaire.

Confidentiel, urgent, personnel.

Les essais effectués avec les matières que vous nous avez fait parvenir, ont donné des résultats très satisfaisants. Les quelques améliorations nécessaires pourront être réalisées par nous sans trop de difficultés. Quant aux grenades chargées, prêtes à l'emploi, il nous est impossible, pour des raisons que vous n'ignorez point, de les essayer. Pour les mêmes raisons, nous ne pouvons nous charger de leur fabrication en grand.

Par contre, nous sommes tout disposés, à la condition, bien entendu, d'observer la clandestinité la plus rigoureuse, à faire apprendre la fabrication des grenades et leur manipulation à un cadre aussi restreint que possible d'instructeurs, possédant déjà une certaine préparation technique et soigneusement choisi par vous.

En général, il nous paraît fort dangereux et indésirable de participer à la fabrication des grenades .... en Allemagne (surtout à Berlin); cela serait bien plus commode en France, Autriche et .... où se trouve, d'après les renseignements en notre possession, tout le matériel nécessaire en quantité suffisante.

Nous sommes d'avis qu'un examen détaillé de cette question serait nécessaire...

C'est pourquoi je vous prierai de me fixer l'heure et le lieu où nous pourrions nous rencontrer et de m'en aviser par un envoyé spécial. Prière d'accuser réception de ce mot, en me faisant parvenir le coupon et, en outre, de me donner un coup de téléphone.

Salut communiste.

Signé : K. Verner.

P. S. — Afin de nous préserver de toutes surprises désagréables et inévitables, vous ferez bien de garder tout le matériel chez vous.

K. V.

« Politique » au lieu de « Plénipotentiaire ».

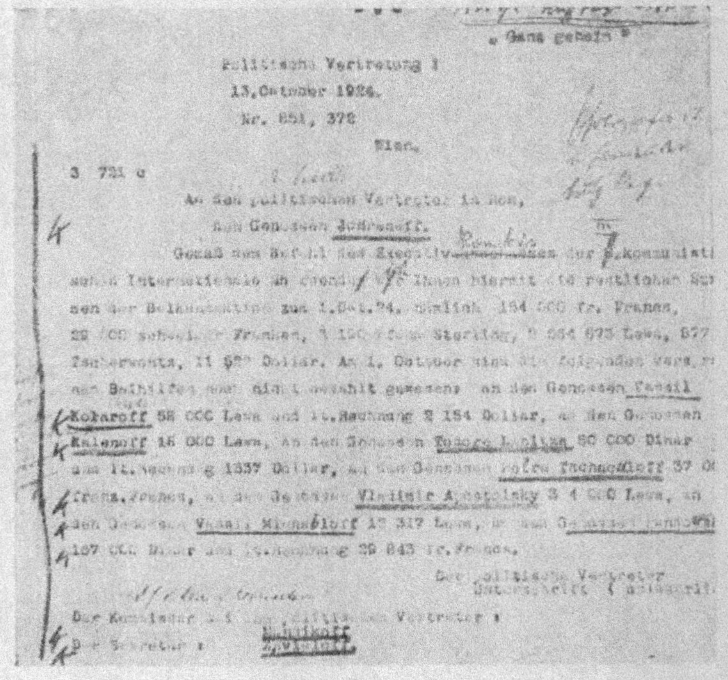

„ Ganz geheim "

Politische Vertretung !
13.October 1924.
Nr. 851, 378

Wien.

3 731 c

An den politischen Vertreter in Rom,
den Genossen [illegible].

Gemäß dem Befehl des Exekutiv[illegible] der [illegible] Kommunistischen Internationale [illegible] [illegible] 1.Oct.24, [illegible] 154 000 fr. Francs, [illegible] Lewa, [illegible] Dollar. Am 1. October [illegible] an den Genossen Vassil Kolaroff 58 000 Lewa und lt.Rechnung [illegible] 154 Dollar, an den Genossen Kalenoff 16 000 Lewa, an den Genossen [illegible] 50 000 Dinar [illegible] 1337 Dollar, [illegible] 37 [illegible] franz.Francs, [illegible] 3 4 000 Lewa, an den Genossen [illegible] 17 317 Lewa, [illegible] 107 000 Dinar [illegible] 29 843 fr.Francs.

Der politische Vertreter
[illegible]

Der Kommissar [illegible] Vertreter :

Der Sekretär : [illegible]

Voici le prétendu brouillon d'une lettre émanant de la représentation plénipotentiaire de l'U. R. S. S. à Vienne, et adressée au représentant plénipotentiaire de l'U. R. S. S. à Rome, le cam. Yourenev.

1) Ce document est traduit en allemand, probablement parce que les gens auxquels il était destiné étaient allemands.

2) Le document porte l'en-tête : « Représentation politique » et il est adressé au « Représentant politique ». C'est déjà l'indice d'un faux incontestable. Les ambassades soviétiques à l'étranger s'appellent « Représentations plénipotentiaires » et non pas « Représentations politiques ».

3) La signature du « Représentant politique » est suivie de celle d'un « commissaire près le représentant politique », titre de pure fantaisie : les ambassades soviétiques, comme toutes les autres, comptent parmi leur personnel un conseiller, des secrétaires, mais pas de commissaires.

4) La représentation plénipotentiaire de Vienne n'a jamais eu de secrétaires du nom de Mandrikov et de Zavialov.

5) Le dessein du faussaire est clair : en signalant un prétendu envoi de fonds de Vienne à Rome, fait sur un ordre du Comité Exécutif de la IIIe Internationale (il n'existe pas officiellement de IIIe Internationale, mais une Internationale Communiste), il a espéré créer des complications et des difficultés diplomatiques en Autriche aussi bien qu'en Italie.

6) Quant aux noms figurant sur ce document, ils devaient permettre à Tsankov de jeter à nouveau les hauts cris contre les menées bolchevistes, les agents de Moscou, etc.

7) Le post-scriptum, où il est question de cellules communistes bulgares (c'est Vienne qui est censé écrire à ce sujet à Rome!...), devait révéler à tout le monde les véritables occupations des diplomates soviétiques.

Strictement confidentiel.

3.721 C.

Le 13 octobre 1924.
N° 851, 372.

Vienne,
Au Représentant politique à Rome,

Cam. Yourenev.

Comme suite à l'ordre reçu du Comité exécutif de la IIIe Internationale Communiste, je vous envoie ci-joint le montant du solde créditeur de la Section balkanique au 1er octobre 1924, à savoir : 154.000 francs français, 29.000 fr. suisses, 3.196 livres sterling, 2.364.873 leva, 877 tchervonetz, 11.522 dollars. Les subsides suivantes restent à payer au 1er octobre : camarade Vasili Kolarov (Moscou), 58.000 levas et, en acompte, 2.154 dollars; camarade Kalenov, 18.000 levas; camarade Todor Lanitzka, 56.000 dinars et, en acompte, 1.537 dollars; camarade Pierre Tchekoulov, 37.000 francs français; camarade Voldemar Apostolsky, 34.000 levas; camarade Vasili Mikaïlov, 12.317 levas; camarade Pendovsky, 167.000 dinars et, en acompte, 29.843 francs français.

Le Représentant politique :
(Illisible.)

Le Secrétaire :
Signé : Zavialov.

Le Commissaire près le Représentant politique :
Signé : Mandrikov.

Où le faux se révèle à l'en-tête.

С. С. С. Р.
Народный Комиссариат
Иностранных Дел

№

19

42

Non seulement ce document est faux, mais le papier sur lequel il est rédigé porte un en-tête truqué.

En effet, le papier devrait porter comme en-tête « Commissariat du peuple *pour* les Affaires étrangères », tandis qu'ici nous voyons : « Commissariat du peuple des Affaires étrangères »

Le faux de la « Victoire ».

En mains propres,
Très secret.
Au camarade Van Over Stratum.

Par suite du camarade Perounov, je vous prie d'envoyer un rapport complet sur votre activité pour les mois d'avril et mai. Après le départ du camarade Voline, les [illegible] sera provisoirement entre les mains du camarade Perounov. Par conséquent, pour toutes instructions, il convient de s'adresser à lui par mon entremise. Je vous préviens que nous avons eu des informations au sujet du provocateur. Pour mener à bonne fin notre travail, il faut supprimer toute correspondance. Le porteur de cette lettre [illegible] sous le nom du commerçant d'Anvers, qui vous [illegible] nécessaire, il faut mieux que vous alliez à Amsterdam [illegible]. En ce qui concerne le paiement des factures pour des achats, il faut faire cette opération par l'entremise du [illegible]. Nous vous informons [illegible] que le Comité Central a reçu des [illegible] supplémentaires. [illegible] avec le salut des camarades.

[illegible], 8 juin.

C'est un faux tout à fait banal que celui du triste renégat Bourtsev, il a été fabriqué à la rédaction du journal la *Victoire* et reproduit par l'*Echo de Paris* et la *Liberté*.

1) Il n'existe à la Représentation plénipotentiaire soviétique de Paris aucun collaborateur du nom de Perounov, mais un deuxième secrétaire, nommé Piroumov.

2) Bien entendu, le camarade Voline, ancien premier secrétaire, ne s'occupait nullement d'achats d'armes; autrement, le gouvernement français n'eut pas manqué d'ajouter ce crime à tous ceux dont il chargea Voline.

3) Il va de soi que ce document a été fabriqué à seule fin d' « établir » que des liens existent entre l'U. R. S. S., les Partis communistes de France et de Belgique, Abd-el-Krim, etc... Le destinataire *Van Over Stratum* n'existe naturellement pas. Peut-être le faussaire a-t-il voulu désigner le député communiste belge *Van Overstraeten*.

Un faux pour l'usage du cabinet britannique.

ПОЛПРЕДСТВО СССР,
Берлин, секция КИ отд.ФТ.

В дополнение к циркуляру ИККИ секциям от 13.УII.25 за № 18, постановлений о пропаганде среди команд великобританско го флота и грузчиков, ИККИ предлагает к руководству:

I. Упомянутые в циркуляре меры в пределах стран, указанных в пункте 2 циркуляра, должны согласоваться с распоряжениями Коминдела СССР Полпредствам к поддержанию с сими странами отношений;

II. Посему вменяется в обязанность т. Едину 2 действовать осмотрительно, каждый раз с согласия ответственного полпреда;

III. избегать всего, что могло бы усилить позицию Великобритании в названных странах в ущерб интересам СССР;

IУ. Для полной согласованности действий т. Едина 2 с Полпредами получать перевод упомянутые в пункте [illegible] циркуляра расходные суммы [illegible] каждый раз за подписью одного из последних.

С подлинным верно [illegible]

Le document ci-dessus, comme tant d'autres, a été fabriqué pour être utilisé par le gouvernement britannique contre la représentation plénipotentiaire soviétique de Londres.

1) Jamais le Comité Exécutif du Komintern n'a employé de papier avec semblable en-tête. Son papier ne porte aucun emblème (faucille, marteau, étoiles, etc.).

2) Jamais il n'a entretenu de correspondance avec les représentations plénipotentiaires ni avec les représentants.

3) Il n'y a jamais eu aucune « Section K. I. » (Komintern) près les représentations plénipotentiaires.

4) Le Commissariat du peuple pour les Affaires étrangères s'appelle en abrégé « Narkomindel » et non pas « Komindel ». Cette dernière dénomination est employée dans la presse de l'émigration blanche et cette faute trahit l'origine du faux.

5) Le contenu est absurde.

N° 18/135 N° 2094
20/VIII, 25.

Représentation plénipotentiaire de l'U.R.S.S.
Berlin, Section K.I., service F.T.

Comme suite à la circulaire du Comité exécutif de l'Internationale Communiste, adressée aux sections, le 13 juillet 1925, N° 18, concernant la propagande parmi le personnel de la flotte britannique et les dockers, le Comité exécutif du Komintern communique par les présentes les instructions suivantes :

1° Les mesures spécifiées dans la susdite circulaire doivent, quant aux pays indiqués dans l'article 2 de la circulaire, être coordonnés avec les instructions du Komindel de l'U.R.S.S. adressées au représentant plénipotentiaire et ayant trait aux rapports à entretenir avec les pays en question.

2° C'est pourquoi le camarade Youdine doit agir avec beaucoup de prudence et toujours de concert avec le représentant plénipotentiaire responsable.

3° Il faut éviter tout ce qui est susceptible de consolider le prestige de l'Angleterre dans les pays en question au détriment des intérêts de l'U.R.S.S.

4° Afin de mieux coordonner l'action du camarade Youdine avec les représentants plénipotentiaires, il ne pourra recevoir les fonds destinés aux dépenses prévues dans l'article 10 de la circulaire, qu'avec le consentement du représentant plénipotentiaire devant donner chaque fois sa signature.

Pour copie conforme :
(Signature).

Un faux pour l'usage américain.

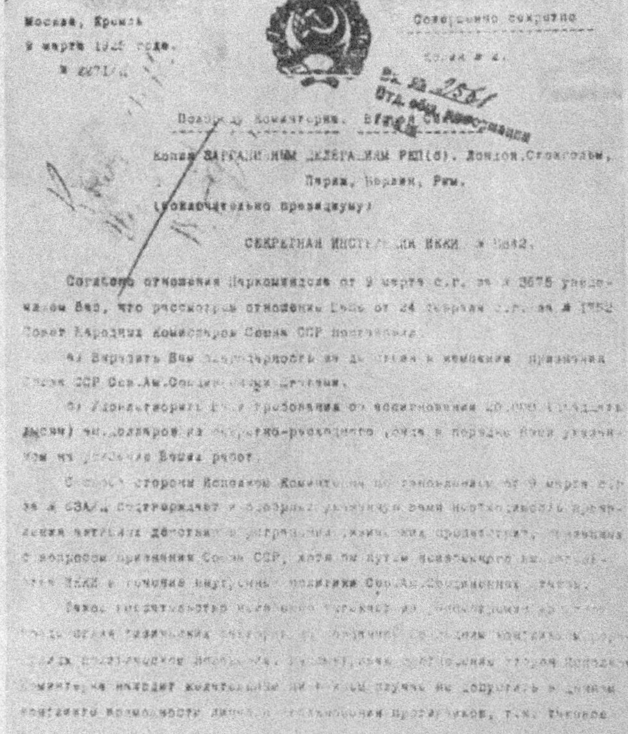

Москва, Кремль
9 марта 192[illegible] года.
№ [illegible]

Совершенно секретно

Президиуму Коминтерна.

Копия ЗАГРАНИЧНЫМ ДЕЛЕГАЦИЯМ РКП(б). Лондон, Стокгольм, Париж, Берлин, Рим.

(исключительно президиуму)

СЕКРЕТНАЯ ИНСТРУКЦИЯ ИККИ № [illegible]

Согласно отношения Наркоминдела от 9 марта с.г. за № 3675 уведомляем Вас, что рассмотрев отношение [illegible] от 24 февраля с.г. за № 1752 Совет Народных Комиссаров Союза ССР постановил [illegible]

Ce but avéré de ce document était de compromettre l'U. R. S. S. aux Etats-Unis.

Nous y trouvons de tout un peu : une appréciation du rôle politique joué par le sénateur Borah; un projet de « suppression » du procureur Worren; la divulgation de liens étroits entre le Comité exécutif de l'Internationale Communiste et l'U. R. S. S., on y voit, en outre, le Conseil des commissaires du peuple exprimer sa reconnaissance au « représentant plénipotentiaire du Komintern » et le représentant plénipotentiaire au Mexique, le camarade Pestkovsky, en train d'ourdir un complot contre les Etats-Unis, etc...

Ce galimatias est rédigé sur du papier à en-tête falsifié, qui en décèle l'origine : il sort incontestablement de l'officine Droujelovsky.

ота невольного политрука, со всеми возможностями своего громадного влияния может превратиться в ничтожно малую, по сравнению с представляемыми его идейно достижениями, величину.

Своим вмешательством в судьбы политики Соединенных Штатов ИККИ хочет путем возможно малого вмешательства удержать то решающее значение группы Бора при голосованиях в Сенате, которая, безусловно, теряет свою ценность в отношении важных для ИККИ и Союза ССР вопросов, тем что в случае личного столкновения и нового обострения взаимоотношений враждующих сторон, Бора утрачивает и в будущем возможность рассчитывать на поддержку Кулиджа, без которого он бессилен придавать жизненность проводимым им планам, кроме того, создание такого обостренного положения в личных отношениях Бора с Кулиджем явится и прямым поражением некоторых сторон политики Союза ССР в отношении Соединенных Штатов, которая до начала серии инцидентов с назначением Уоррена протекала относительно удачно.

Исполком Коминтерна естественно полагает, что физическое устранение Уоррена в случае продолжения кампании, от возможности занятия им поста Генерал-Прокурора, должно лечь в основу ряда смягчающих политическое положение обстоятельств, которые выражаются, во первых, в ослаблении нападок оппозиции, обвиняющей Кулиджа в нарушении прав Сената и в попытке нарушения конституции, во вторых, в перенесении конфликта из формы личных отношений в общие формы перепостановки вопроса с назначением Уоррена в уже наметившуюся борьбу власти законодательной с властью исполнительной — Сената с Президентом, и в третьих что самое важное, в улучшении личных отношений Бора к Кулиджу, политическим основанием которых, в виду физического устранения Уоррена, должно было бы явиться со стороны Бора согласие на поддержку Кулиджа в будущем, взамен поддержки последним вопросов внешней политики, проводимых Бора.

При [illegible] оформлении взаимоотношений Сената и Президента с перенесением конфликта на общую почву, не следует забывать, что первоначально [illegible] стороны явилось бессилие республиканского [illegible] против Кулиджа, особенно

Ajoutons à cette indication de source les quelques observations suivantes, dont plusieurs ont été déjà faites :

1° Le siège du Komintern n'est pas au Kremlin.

2° Il n'existe pas de *représentants plénipotentiaires* du Komintern;

3° Ni de « délégation du Parti communiste russe (R. C. P.) à l'étranger »;

4° Les cellules formées par les membres de ce Parti, employés des institutions soviétiques à l'étranger, n'ont pas de « présidium »;

5° L'emblème soviétique reproduit dans l'en-tête sur le papier est faux et sort des ateliers de Droujelovsky;

6° Le cachet apposé à droite de l'emblème a la même origine et se retrouve sur divers documents fabriqués par Droujelovsky.

в его авторитете по сношениям с иностранными державами, т.к. из полож-
[illegible] положения вытекает, что правительство Соед.Штатов не может
обеспечить ратификации заключенных им договоров Сенатом, что в свою
очередь ослабляет позиции официальных и неофициальных представителей
Соед.Штатов, ведущих переговоры с иностранными державами.

Последнее положение имеет несомненно свои положительные стороны
в отношении направления общей политики ИККИ и Союза ССР, поэтому учиты-
вая все в случае представляющихся возможностей [illegible]
[illegible] и только в том случае, если Сенат будет вынужден пере-
[illegible] к политике общей обструкции, не имея при этом возможности руково-
дить направлением внешней политики, т.к. в области международных вопросов Сенат Соед.Штатов имеет лишь право контроля утверждения или не-
утверждения действий правительства, но не имеет права инициативы, по-
вторяем; в таком случае, – а он должен будет придти неизбежно, – если
Кулидж выполнит свою угрозу о назначении Уоррена в период перерыва се-
сии Конгресса, следует подойти вплотную к вопросу [illegible] отстране-
ния Уоррена для того чтобы предотвратить [illegible], а может быть и [illegible]
жения, не покрытие реальных возможностей Бора в вопросах внешней политики Соед.Штатов о признании Союза ССР.

Поэтому Вам надлежит, во первых, немедленно командировать в Нью-
Йорк в "[illegible]" "[illegible]" № 27, находящегося в Вашем распоряжении и пре-
провожденными при данном медико-химическими препаратами, (способы об-
ращения указаны в прилагаемой к ним инструкции), поставив их безошибоч-
но точном их выполнении, т.к. полное устранение Уоррена будет предста-
влять возможности открытым для продолжения нами дальнейшего влияния. "[illegible]" в случае надобности открыть текущий счет в размерах, указанных Вами необходимыми, из собственного депозита – будут покрыты от-
делом Внешторга.

Во вторых, немедленно войдите в сношения с "[illegible]", которой тов.
[illegible] при ее приезде из [illegible] через [illegible] [illegible] сооб-
щить об открытии счета на сумму 20.000 ам.долларов в Стокгольме, пре-
дназначенную согласно постановлению Совета Нар.Ком.Союза ССР [illegible]
[illegible] от 9 марта с.г. за № 3675.

Moscou-Kremlin, le 9 mars 1925. *Strictement confidentiel.*

N° 2271/Ts. Copie N° :

Au Représentant plénipotentiaire du Komintern (2e section).

Copie aux délégations du Parti Communiste de Russie à l'Étranger : Londres, Stockholm, Paris, Berlin, Rome.

(Réservé exclusivement aux présidiums.)

Instruction secrète du Comité exécutif du Komintern, N° B. 842.

Comme suite à la communication du commissaire du peuple pour les Affaires étrangères du 9 mars dernier, N° 3675, nous vous informons que le

Но в данном положении не может быть [illegible] и с этим нельзя считаться, нельзя [illegible] пролетарской [illegible] для [illegible], что каждое выступление [illegible], осуждается и организовывается [illegible] и применительно к обострённому внутренне-политическому положению страны, соответствующими [illegible] Исполкома Коминтерна участвуют в нем лишь постольку, поскольку каждая компартия мира, имея представительство в Исполкоме Коминтерна [illegible], а не действовать во вред международной коммунистической политике рабочих и трудящихся крестьянских масс.

Поэтому, исходя из общих принципов работы, одновременно с данным Исполком Коминтерна отдает соответствующие инструкции по [illegible], предупреждая Польской Компартии, что пролетарские массы всего мира во [illegible] новые [illegible] братской [illegible], которая [illegible] не находит и не найдет ничего лучшего как снова и снова провоцировать Коминтерн в выступлениях Польской Компартии и [illegible] не будет находить причин [illegible] выступления [illegible], [illegible], искусственно [illegible] и камуфлированным белым террором польского правительства.

Долой бандитское правительство Польши!

Да здравствует Польская Компартия!

Долой белый террор!

Да здравствует революционное правительство!

По постановлению Исполкома Коминтерна

Генерального Секретаря Коминтерна

Товарищ Председателя Польской Секции

при Исполкоме Коминтерна.

Conseil des commissaires du peuple, après avoir examiné votre communication du 24 février dernier, N° 1752, a pris les décisions suivantes :

a) De vous exprimer sa reconnaissance pour l'action que vous avez organisée en faveur de la reconnaissance de l'U.R.S.S. par les Etats-Unis;

b) De vous accorder les crédits que vous demandez, s'élevant à 20.000 (vingt mille) dollars américains, en les prélevant, comme vous le proposez, sur les fonds secrets, et en affectant le montant aux besoins de votre action.

De son côté, le Comité exécutif du Komintern, par sa décision du 9 mars dernier, N° 63 A/Tz, a approuvé votre avis sur la nécessité de supprimer tous les obstacles qui s'opposent à la reconnaissance de l'U.R.S.S., même si le Comité exécutif du Komintern était obligé d'intervenir dans la politique intérieure des Etats-Unis.

L'examen des problèmes se rattachant au dernier conflit entre Borah et Coolidge confirme que cette intervention est inévitable.

Le Comité exécutif estime qu'il serait nécessaire, vu la situation, de s'opposer par tous les moyens à l'accentuation de ce conflit, afin d'empêcher la faillite de toutes les initiatives de Borah dans le « domaine de la politique internationale ». Parmi ces initiatives figure d'abord le problème de la reconnaissance de l'U.R.S.S. et il serait désastreux que Borah, qui accomplit actuellement, sans s'en rendre compte, le rôle d'instructeur politique, en mettant au service de la reconnaissance toute la force de son énorme influence, perdit complètement cette influence.

En intervenant dans les affaires intérieures des Etats-Unis, le Comité exécutif du Komintern désire renforcer la position du groupe Borah au Sénat, car ce groupe, en cas d'accentuation du conflit entre son leader et Coolidge et sans l'appui de ce dernier, perdrait presque toute son influence au moment où devront être votées au Sénat les questions intéressant vivement le Comité exécutif du Komintern et l'U.R.S.S.

Sans Coolidge, Borah serait impuissant à mettre en œuvre ses projets; d'autre part, une rupture entre ces deux personnalités signifierait la défaite partielle de la politique adoptée par l'U.R.S.S. à l'égard des Etats-Unis, politique qui a donné des résultats assez satisfaisants jusqu'au moment de la nomination de Worren et des nombreux incidents qui se sont produits par la suite.

Le Comité exécutif estime qu'au cas où continuerait la campagne entreprise, la suppression physique de Worren devrait être envisagée comme une des mesures devant influencer favorablement la situation politique. Parmi ces mesures, les suivantes peuvent être recommandées :

a) L'atténuation des attaques dont Coolidge est l'objet de la part de l'opposition, qui l'accuse de ne pas respecter les droits du Sénat et d'attenter à la Constitution;

b) La transformation du conflit existant entre certaines personnalités à propos de la nomination de Worren, en un conflit entre le pouvoir législatif et le pouvoir exécutif, c'est-à-dire entre le Président et le Sénat, conflit dont les symptômes commencent à se faire jour;

c) Enfin, ce qui importe le plus — l'amélioration des rapports personnels entre Borah et Coolidge, de façon que Borah consente à soutenir dorénavant Coolidge, qui, de son côté, devrait soutenir le programme préconisé par Borah dans le domaine de la politique internationale.

Au moment où un certain *modus vivendi* s'établira entre le Sénat et le Président, il faudra surtout ne pas oublier l'impuissance manifestée par la majorité républicaine du Sénat et le préjudice causé à l'autorité de Coolidge, surtout à l'intérieur du pays. En effet, la situation actuelle démontre clairement toute l'impuissance du gouvernement des Etats-Unis à faire ratifier par le Sénat les traités conclus, ce qui affaiblit nécessairement la position des représentants, officiels ou non, des Etats-Unis, dans leurs négociations avec les pays étrangers.

Cette situation présente des avantages incontestables au point de vue de la politique générale du Comité exécutif et de l'U. R. S. S. Par conséquent, il est fort désirable d'accentuer autant que possible cette particularité de la situation actuelle. Et ce n'est qu'au cas où le Sénat serait forcé d'en venir à une politique d'obstruction générale, sans pouvoir influencer la direction de la politique internationale, — car le Sénat n'a que le droit de contrôler, de ratifier ou de ne pas ratifier la politique étrangère gouvernementale, mais non le droit d'initiative. C'est dans ce cas seulement, disons-nous, et si Coolidge voulait exécuter sa menace de nommer Worren pendant les vacances parlementaires, — qu'il faudrait envisager de près la suppression physique de Worren afin d'éviter une défaite et de ne pas laisser échapper les possibilités d'obtenir la reconnaissance de l'U. R. S. S. à l'aide de la puissante influence exercée par Borah en matière de politique extérieure.

Vous devrez donc envoyer immédiatement à New-York, chez « setiounioky N° 27 », la personne qui se trouve à votre disposition, munie des appareils médico-chimiques qui vous seront remis en même temps que les présentes (le mode d'emploi est spécifié dans l'instruction jointe aux appareils), et insister sur l'exécution des instructions, car la suppression physique de Worren contribuera à éliminer les obstacles à notre influence. En cas de besoin, vous ouvrirez un compte courant à « action » pour la somme que vous jugerez nécessaire, en le prélevant sur votre propre dépôt; vous serez remboursé pour le compte du Vniechtorg.

Deuxièmement, mettez-vous immédiatement en rapport avec « beouka » qui, aussitôt arrivée de Vera-Cruz par Our. Galvan, devra être avisée par le camarade Pestkovsky de l'ouverture, à Stokholm, d'un crédit de 20.000 dollars américains, crédit accordé en vertu d'une décision du Conseil des commissaires du peuple de l'U. R. S. S. (lettre du Commissariat du peuple pour les affaires étrangères, du 9 mars dernier, n° 3675).

Quant à Galvan, il sera tenu d'expliquer à « beonka » ce qu'on attend d'elle, en ce qui concerne le sénateur Borah. Elle devra bien comprendre qu'il sera nécessaire qu'elle prenne toutes les mesures possibles en vue d'améliorer les rapports personnels dans la vie privée des adversaires; pour le reste, il faudra s'en remettre à son tact, et ne pas oublier le problème de l'U. R. S. S. qui attend encore une solution. Il se peut que le voyage de « beonka » à Vera-Cruz rappelle à Borah l'achat de ses actions australiennes, opération qui le menaçait de grosses pertes; il est possible que ces souvenirs le rendent plus accessible à l'influence de « beonka » et c'est pourquoi il faut expliquer à cette dernière en quoi peut se manifester l'amélioration des rapports entre Borah et Coolidge.

Il faut utiliser toutes les possibilités qui se présentent, tout en observant la plus grande prudence, la vigilance, le secret absolu; il faut s'adresser à « beonka N° 19 » au nom du Comité d'action de l'Amérique du Nord et à « action » au nom de l'organisation à laquelle il se considère lié. Nous vous recommandons donc de vérifier minutieusement, en vous servant du code verbal, si vos instructions sont exécutées, en ayant surtout soin d'empêcher aux agents d'exécution d'entrer en rapports entre eux, ce qui les amènerait peut-être à comprendre la véritable situation.

Confirmez-nous l'exécution de nos instructions. Tenez-nous au courant de tout ce que vous aurez entrepris. En cas de besoin, servez-vous du code A I. — 3.

Comme suite à tout ce qui précède, le Comité exécutif du Komintern invite les présidiums des délégations du Parti Communiste de Russie à l'étranger, à organiser, par tous les moyens à leur disposition, une surveillance sur « mioka N° 27 », « beonka N° 19 » et « action », et de nous tenir au courant de toute l'action occulte du trio extra-politique américain.

Pour le Comité exécutif du Komintern,
Le Secrétaire général du Komintern :
(Illisible.)

DEUX FAUX
VISANT LE GUÉPÉOU

Un premier faux.

Иностранный отдел
Центральной части
№ 01742
17 июня 1924
Москва, Лубянка 2

Товарищу [illegible]

Дорогой Товарищ

Товарищ [illegible] Рессинов [illegible] постановлениям Политбюро Р.К.П., ИККИ, коллегии НКИД [illegible]

[illegible] в Египет.

[illegible] тов. Рессинова [illegible]

[illegible]

С тов. приветом

[illegible]

Le but manifeste de ce document, sorti de l'atelier Droujelowsky, est de compromettre le Commissariat du peuple pour les Affaires étrangères et, par là même, le gouvernement des Soviets.

C'est là une véritable salade où figurent le R. C. P. (Parti communiste de Russie), le Komintern, le Narkomindel (Commissariat du peuple pour les Affaires étrangères), le Guépéou (Direction politique), la propagande en Egypte, la liaison à l'aide des employés diplomatiques, etc...

Tout cela crie le faux. En effet :

1° L'en-tête est faux : Le Guépéou n'a pas de section semblable. Son adresse est *place Loubianka*, 2, et non pas Loubianka, 2. En général, Loubianka tout court n'existe pas : il existe la « Grande Loubianka », la « Petite Loubianka », la « Loubianka Proezd » ou « Place Loubianka»;

2° Le terme — Bureau politique du Parti communiste de Russie, — employé dans le document, ne s'emploie jamais en réalité, car, conformément aux statuts du Parti, le Bureau politique fonctionne près le Comité central, et c'est pourquoi la dénomination officielle est : *Bureau politique du Comité central du Parti communiste de Russie*;

3° Aucun commissaire soviétique ne transmettra des ordres émanant soit du Parti communiste de Russie, soit d'une autre institution quelconque ne dépendant pas de son commissariat. De même, les organes du Parti ne peuvent pas donner d'ordres aux organes soviétiques quels qu'ils soient;

4° Kojevnikov, dont la signature, au bas du document, est aussi fausse que le document tout entier, n'a jamais été chef du IIe Département de la Section secrète du Guépéou.

5° Ni le « Département pour l'étranger de la Section secrète du Guépéou », ni la Section secrète elle-même n'ont jamais existé.

G.P.U. U.R.S.S. *Strictement confidentiel.*

Département
de la Section secrète
pour l'étranger.
Moscou, Loubianka 2.

N° 01282.
Le 17 juin 1924.

Au camarade Blumenfeld.

Cher camarade,

Conformément aux décisions du Bureau politique du Parti communiste de Russie, du Comité exécutif du Komintern, du collège du Commissariat du peuple pour les affaires étrangères et à notre propre décision, le camarade Abram Davidovitch Rissenson, chargé d'une mission d'extrême importance, est délégué en Egypte pour un temps illimité.

Vous êtes prié d'accorder au camarade Rissenson, au cours de sa mission, toute l'assistance qu'il pourrait demander; de vous maintenir en contact permanent avec lui à l'aide d'envoyés particuliers; de lui remettre les fonds que lui ou ses collaborateurs pourraient vous demander et, en général, de ne suivre que ses directives et les nôtres.

Veuillez nous informer sans retard de tout ce que vous aurez entrepris et nous transmettre d'urgence tous les renseignements qui vous parviendront du camarade Rissenson.

Salut.

Le chef du IIe Département :
(Signature.)

Un second faux.

О.Г.П.У.С.С.С.Р.
Иностранный Отдел
Секретной части
№ [illegible]
[illegible] марта 1924

Москва, Лубянка 2

Товарищу Маршину

Вена.

Находим необходимым передать дело нашего сотрудника Гуманскаго из ведения тов. Сидорина и по вопросам касающимся "Антибольшевистской Лиги" адвоката Обера в [illegible] передать Вам.

Снеситесь немедленно с тов. Сидориным и тов. [illegible] на предмет выработки плана посылки агента Гуманскаго в Швейцарию, Италию и Францию и установить [illegible] пункты связи в Швейцарии.

Из доклада тов. Сидорина не видно еще ясно, кого Гуманский предполагает компрометировать. [illegible] для его сотрудников ротмистр [illegible] и капитан Вальгарт. Нам кажется выгодным [illegible] Вальгарта ввиду его связи в русских монархических организациях которые являются вдохновителями движения Обера, но к нему нужно отнестись с сугубой осторожностью, так как по полученным сведениям русскими монархическими организациями готовятся новые покушения на представителей С.С.С.Р. и не исключается поэтому возможность провокации. Денежными средствами снабжать по мере поступления материала с позитивными результатами со III кв. и списывать их в счет II отд. [illegible]

О всех Ваших действиях и поступивших материалах сообщать незамедлительно нам.

Начальник О.Г.П.У.

Ce document a été fabriqué en vue de désorienter « l'opinion publique », en discréditant les hommes de la contre-révolution eux-mêmes.

Nous avons signalé plus haut quelques individus de l'entourage du faussaire Droujelovsky, ses collaborateurs les plus actifs : Goumansky et Belgardt. Or, le document que voici s'efforce de les présenter comme les agents du Guépéou.

Relevons de suite une grave erreur du faussaire (en ce qui concerne l'en-tête et la signature, voir nos observations sur le document précédent). L'en-tête porte : « Département pour l'étranger de la *Section secrète du Guépéou* », tandis qu'à la fin du document on peut lire : « *Département secret de l'Administration* politique d'Etat ».

Strictement confidentiel.

Département
pour l'étranger
de la Section secrète.

Au camarade Marchine, Vienne. N° 0186

Moscou, Loubianka 2. Le 26 mars 1924.

Nous croyons nécessaire de vous soumettre dorénavant l'affaire de notre collaborateur Goumansky, en ce qui concerne la « Ligue antibolcheviste » de l'avocat Ober en Italie, à l'exclusion du camarade Sidorine. Mettez-vous immédiatement en rapports avec les camarades Sidorine et Cheffel en vue d'élaborer un plan concernant l'envoi de l'agent Goumansky en mission, en Suisse, en Italie et en France, et faites organiser un service de liaison en Suisse en ayant soin de bien dissimuler les mesures arrêtées.

Le rapport du camarade Sidorine ne permet pas encore de comprendre clairement sur qui Goumansky propose d'arrêter le choix de la personne à envoyer en mission. Il est question de deux de ses collaborateurs : le lieutenant Prel et le capitaine Belgardt. Nous sommes d'avis que la candidature de Belgardt présenterait plus d'avantages, étant donné ses relations avec les milieux monarchiques russes, inspirateurs du mouvement d'Ober. Cependant, il faut observer avec lui la plus grande prudence, car, d'après les renseignements en notre possession, les organisations monarchiques russes préparent de nouveaux attentats contre les représentants de l'U. R. S. S. et on doit se méfier des provocateurs.

Quant aux crédits, il faudra les accorder (tarif de 3e classe) au fur et à mesure que les renseignements seront fournis et les faire passer au débit du compte du 2e service du Département pour l'étranger et du Département secret de l'Administration politique d'Etat.

Veuillez nous aviser d'urgence de tout ce que vous aurez entrepris et de tous les renseignements qui vous seront parvenus.

Le chef du Département secret
de l'Administration politique d'Etat (G. P. OU.).
(Signature.)

TABLE DES MATIÈRES

Imprimerie de la Librairie du Travail, Paris — 15-2-1926.

www.ingramcontent.com/pod-product-compliance
Lightning Source LLC
LaVergne TN
LVHW052030060726
842528LV00002B/698

* 9 7 8 2 3 2 9 2 1 3 8 1 1 *